MYTHOS NIBELUNGEN

SIEGFRIEDS GRAB UND KRIEMHILDS ROSENGARTEN
EINE SAGENHAFTE REISE DURCH DIE JAHRTAUSENDE

© Mieke Farwig

PROLOG

Wie weit zurück kann man die Wurzeln der eigenen Kultur verfolgen, bevor sich die Stränge vollends im Nichts verlieren?

Auf mehrjährigen Reisen durch Indien, den Mittleren und Nahen Osten, Nordafrika und Europa konnte ich viele Parallelen zwischen den einzelnen, zumeist indoeuropäischen, Kulturen beobachten.

Es gibt Gemeinsamkeiten in der Sprache, aber auch bei den Festen, wann und wie sie gefeiert werden. Natürlich gibt es auch viele Unterschiede. Doch die verschwimmen, je weiter man in die Vergangenheit dieser vermeintlich ungleichen Kulturen vordringt.

Mit jedem Schritt in der Zeit zurück nähern sich Kulte, Sagen und Erzählungen einander an.

Ende der 90er Jahre entschied ich mich nach Deutschland zurückzukehren und begann damit, mich auch mit der germanischen Mythologie und den Nibelungen auseinanderzusetzen.

Das war ein Bereich, um den ich lange Zeit einen großzügigen Bogen gemacht hatte – wie viele andere auch.

<< Eichfelder

Denn nach dem Missbrauch durch den Nationalsozialismus lag dieses Thema für Jahrzehnte brach, sowohl an den Universitäten als auch innerhalb der künstlerischen Rezeption.

So gab es für mich viel zu entdecken. Nicht nur bei den Nibelungen, sondern auch in der sagenhaften Geschichte der Stadt Worms, die schon lange vor dem Nibelungenlied aufs Engste mit der Sage verwoben war.

Aus großer räumlicher und zeitlicher Distanz stieß ich auf ganz erstaunliche Orte, die mich in völlig andere Welten entführten. Welten, die mit Drachen und Riesen bevölkert sind.

Die Bilder verdichteten sich und nahmen Gestalt an. Sie wurden zu Konzepten, durch die ich längst vergessene sagenhafte Orte und Geschichten wieder sichtbar und erlebbar machen wollte. Diese Ideen durfte ich 1998 im Rahmen einer Sonderausstellung im Museum der Stadt Worms im Andreasstift präsentieren.

Eines der Konzepte, **SIEGFRIEDS GRAB**, wurde vier Jahre später realisiert. Ein Hügelgrab von 14 Meter Länge, flankiert von zwei über vier Meter großen Menhiren. Das Kunstwerk erinnert zum einen an das historische Siegfriedgrab, mit der dazugehörigen Sage, und zum anderen an die vorgeschichtliche Vergangenheit dieser Region.

KRIEMHILDS ROSENGARTEN sollte einige Jahre später im Rahmen einer Landesgartenschau umgesetzt werden. Leider fand diese nicht statt und der Rosengarten geriet in Vergessenheit.

Erst 2017 nahm ich die Idee wieder auf und 2021 konnte sie am Wormser Rheinufer schließlich Wirklichkeit werden.

<< Worms in fränkischer Zeit, 3D-Visualisierung von FaberCourtial

Wie beim Land-Art-Projekt **SIEGFRIEDS GRAB** handelt es sich bei **KRIEMHILDS ROSENGARTEN** um eine künstlerische Interpretation. Sie steht in unmittelbarem Bezug zur Geschichte der Stadt Worms, reicht aber auch sehr weit darüber hinaus.

KRIMHILDS ROSENGARTEN
lädt ein zu einer labyrinthischen Reise in unsere eigene Kultur.

Die Geschichten, denen wir auf dieser Reise begegnen, sind im Gegensatz zu „Herr der Ringe" oder „Game of Thrones" keine Fantasy, sondern alte Sagen, die in noch älteren Mythen wurzeln.

Essenzieller Teil dieser künstlerischen Arbeit ist deshalb auch die Einladung zur Entdeckungsreise in die sagenhaften Ursprünge der europäischen Kultur.
Wer das Wagnis eingehen mag, dem biete ich auf den nachfolgenden Seiten eine Vielzahl kleiner Geschichten, Legenden und spannender Überlieferungen.

Lassen Sie sich entführen.

Eichfelder, im Mai 2021

<< SIEGFRIEDS GRAB am Torturmplatz in Worms

KRIEMHILDS ROSENGARTEN

EINE SAGENHAFTE REISE

DIE KONZEPTION

Um 1230 entstand das Epos „Rosengarten zu Worms". Sein Hauptschauplatz ist ein von Kriemhild gehüteter Rosengarten am Wormser Rheinufer.
In Anlehnung daran habe ich ein erlebbares, begehbares und sich im Jahreslauf veränderndes Kunstwerk entworfen.

So entstand **KRIEMHILDS ROSENGARTEN** neben dem Hagendenkmal, das vor über 100 Jahren eigens für einen Rosengarten erschaffen wurde.

Das Land-Art-Projekt besteht aus einem Labyrinth aus Rosen und einer Gruppe von drei Linden sowie der nachfolgenden Auseinandersetzung mit diesem Thema.

<< Visualisierung von **KRIEMHILDS ROSENGARTEN [1]**
mit den drei Linden **[2]** unweit des Hagendenkmals **[3]**

GESCHICHTE WIRD SAGE

Die Nibelungensage ist überaus vielschichtig. Allein im Nibelungenlied[3], ein um 1200 entstandenes mittelalterliches Epos, das ähnlich dem Rosengartenlied nur einen Teil der Sage darstellt, begegnen wir Erinnerungen und Reminiszenzen aus den unterschiedlichsten Epochen.

Die Herkunft vieler Bausteine der Sage sind bekannt, andere werden kontrovers diskutiert. In dem hier gesteckten Rahmen kann ich natürlich unmöglich allen Theorien Raum geben, aber die folgenden möchte ich Ihnen gern vorstellen:

RICHARD LÖWENHERZ 1157-1199

Die epische Siegfriedfigur ist natürlich deutlich älter als der bekannte englische König. Dennoch könnte Löwenherz dem Dichter des Nibelungenlieds zur Inspiration gedient haben, da beide möglicherweise zur gleichen Zeit in Worms weilten; der Dichter, als auch der fremde und charismatische König, über den am Hof zu Worms Gericht gehalten wurde.

Letztlich war es der „Wormser Vertrag", in dem die unglaublich hohe Lösegeldsumme festgesetzt wurde, die uns später in ganz anderen Sagen, wie Robin Hood und Ivanhoe, wiederbegegnet. Ein schier unermesslicher Schatz, der auch Worms in besonderem Maße zugutekommen sollte[4].

FRIEDRICH I. BARBAROSSA 1122-1190

Viele Elemente entstammen der unmittelbaren Erlebniswelt des Nibelungenlied-Dichters. So hat er vermutlich den Kreuzzug Friedrich I. Barbarossas als Blaupause für den Zug der Nibelungen an den Hof des Hunnenkönigs verwendet.

Dieser Heerzug ist in keiner der anderen Sagentraditionen zu entdecken, denn der historische Burgunden-Untergang fand am Rhein statt, nicht im Hunnenreich. Worms hatte für Barbarossa Hauptstadtcharakter, es ist der Ort seiner häufigsten Aufenthalte und Reichversammlungen nördlich der Alpen.

<< Heinrich VI. begnadigt Richard Löwenherz. Liber ad honorem Augusti des Petrus de Ebulo, um 1196

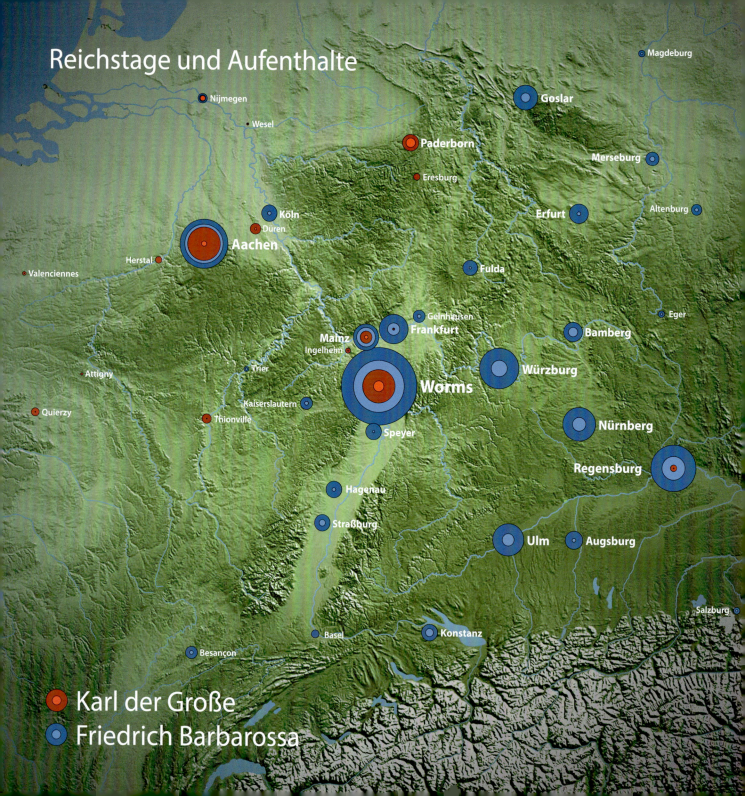

KARL DER GROSSE 747-814

Gehen wir weiter in der Zeit zurück, begegnen wir Karl dem Großen, der von Worms aus, ganz ähnlich wie die Helden im Nibelungenlied, gegen die Sachsen zog und anschließend zurückkam, um seine Siege zu feiern.
Für Karl den Großen ist Worms der Ort seiner meisten Reichsversammlungen und - nach Aachen - häufigster Aufenthaltsort.

KÖNIGIN BRUNICHILDIS UM 550-613

Der Königinnenstreit im Nibelungenlied ist sehr wahrscheinlich eine Erinnerung an die noch weiter zurückliegende Zeit der Merowinger und an den blutigen Streit der ostfränkischen Königin Brunichildis und ihrer Gegenspielerin, der westfränkischen Königin Fredegunde.
Brunichildis, die mutmaßliche Namenspatin der Brünhild im Nibelungenlied, residierte um 600 in Worms.

KÖNIG GUNDAHAR †436

Mit dem Burgunden-Untergang nähern wir uns der vermutlich ältesten historischen Schicht der Nibelungensage, der Zeit der sogenannten Völkerwanderung. Im Jahr 435 n. Chr. überfielen die Römer mit hunnischen Hilfstruppen die Burgunder unter ihrem König Gundarhar am Rhein, vernichteten große Teile der Führungsschicht und siedelten das Volk in das Gebiet um den Genfer See um.

ARMINIUS (CHERUSKER) UM 17 V. CHR - 21 N. CHR.

Können wir noch weiter in der Zeit zurück? Siegfried wurde schon mehrfach mit Arminius gleichgesetzt, der 9 n. Chr. eine Legion des Kaiser Augustus im Teutoburger Wald besiegte. In der Heerschlange glaubten manche Forscher den Drachen zu erkennen. Diese These wird aber heute im Allgemeinen abgelehnt.

In sagenhaften Helden historische Persönlichkeiten wiederzuentdecken ist ein spannendes Unterfangen, aber oft bilden diese Theorien nur einen Teil der Wahrheit ab, wenn überhaupt. Die meisten Figuren scheinen völlig ungreifbar. Dies gilt insbesondere für die Protagonisten Siegfried und Hagen. Mit ihnen betreten wir die mythische Ebene.

<< Reichstage (innerer Kreis) und Aufenthalte (äußerer Kreis) von Karl dem Großen und Barbarossa[1]

Alle Völker dieser Erde haben ihre eigenen Sagen, Märchen und Legenden. Vielfach sind sie untereinander verknüpft und stehen in Beziehung zu anderen Kulturkreisen.

Neben der Brauchtumsforschung, den alten Chroniken sowie der Archäologie geben uns diese Geschichten wertvolle Hinweise zum Verständnis längst vergangener Weltanschauungen und des damit verbundenen Mythos.

WAS IST EIN MYTHOS?

Der Mythos ist eine Erzählung, die vorwiegend in der Götterwelt spielt. Die mythische Geschichte gilt als wahrhaftig und heilig, sie ist deshalb im kultischen Bereich wiederholbar, denn durch die rituelle Nachahmung des ursprünglichen Mythos identifiziert sich der Mensch mit dem Göttlichen[2].
Deshalb ist der Mythos untrennbar mit dem Kult verbunden, der ihn lebendig hält. Dies gilt nahezu ausnahmslos für alle lebendigen und vergangenen Religionen bzw. Mythen.

<< „Pierre Brunehault", der Brunhildenstein, ein Menhir bei Hollain, Belgien

Der Drachenkampf, eines der zentralen Elemente der ursprünglichen Sagen um Siegfried, scheint uns noch tiefer in die Vergangenheit zu führen, in eine Zeit, die historisch nicht zu fassen ist. Genau dieser Schicht der Nibelungensage möchte ich hier nachgehen.

MYTHOS WIRD SAGE
DER DRACHENKAMPF IM NIBELUNGENLIED

Das Nibelungenlied setzt um 1200 die Kenntnis der mythischen Vorgeschichte bei den Zuhörern voraus und erzählt nur sehr schmallippig von Siegfrieds Kampf mit dem Drachen. In der dritten Aventüre, „Wie Siegfried nach Worms kam", berichtet Hagen König Gunther von den Taten des jungen Helden, vom Erwerb des Nibelungenhorts[5] und vom Drachenkampf.

> "Einen Linddrachen
> schlug des Helden Hand;
> Als er im Blut sich badete,
> ward hörnern seine Haut.
> So versehrt ihn keine Waffe:
> das hat man oft an ihm geschaut."[6]

An anderer Stelle verrät uns der Dichter noch, dass Siegfried an genau jener Stelle verwundbar blieb, an der sich während des Badens im Drachenblut ein Lindenblatt[7] auf seinen Rücken heftete. Um Genaueres über den Drachenkampf und das, was danach geschah, zu erfahren, lohnt es sich, den Blick nach Norden zu richten.

DER DRACHENKAMPF IN DER NORDISCHEN SAGE

Die nordische Sage ist sehr umfangreich und weit verbreitet. Mit der Edda (1220/1260), der ältesten und bekanntesten Verschriftlichung, liegt uns eine Liedersammlung vor, deren älteste Teile bis in das 10. Jh. zurückgehen.

Neben den Götterliedern im ersten Teil (den Geschichten von Odin, Thor etc.) widmet sich die Edda im zweiten Teil ausschließlich dem Sagenkreis der Nibelungen. Doch selbst wenn das älteste Fragment dieser Sage aus Island stammt, bedeutet dies nicht, dass auch ihr Ursprung dort liegt.

In diesem ältesten Fragment, wie auch in den meisten anderen Liedern der nordischen Überlieferung, wird die Heimat der Erzählung unzweifelhaft am Rhein lokalisiert:

„Nicht gabs da Gold auf Granis Wege,
fern ist dies Land den Felsen des Rheins."

Edda (31/13), Wölundlied (Wielandsage), mutmaßlich frühes 10. Jh.

„Erschlagen ward Sigurd (Siegfried) südlich vom Rhein."

Edda (33/7), Altes Sigurdlied, Fragment, mutmaßlich 11. Jh.

„Nun hüte der Rhein der Recken Zwisthort,
... den göttlichen Schatz der Nibelunge."

Edda (34/28), Altes Atlilied, mutmaßlich frühes 10. Jh.

„Das Schwert war so scharf, dass er es in den Rhein hielt
und eine Wollflocke in der Strömung dagegen treiben ließ:
Da zerschnitt es die Flocke wie das Wasser."

Edda (38/12), Das andere Lied von Sigurd dem Fafnirstöter, mutmaßlich 10. Jh.

„Gut ist´s zu erringen des Rheines Erz"

Edda (36/16), Jüngeres Sigurdlied, 13. Jh.

Die altnordischen Dichter der Edda sprechen oft in Metaphern (Kenningar). Für Gold sind dies z. B. Rheinsonne, Rheines Lohe, Rheins Achat, Kies des Rheins etc.

Mit dem Drachenkampf beginnt die eigentliche Geschichte. Sie ist uns in der Edda[8] im „Lied vom Drachenhort" überliefert. Es wurde vermutlich um 1000 in Altwestnordisch gedichtet und ist somit etwa 200 Jahre älter als das Nibelungenlied.

DAS LIED VOM DRACHENHORT

Sigurd kam als Kind zu Regin, dem Schmied, und wuchs bei ihm (am Rhein) auf. Als er herangewachsen war, erzählte ihm Regin, dass Fafnir (der Bruder Regins) in Drachengestalt einen Hort behütet.
Regin überredete Sigurd, den Lindwurm zu erschlagen. Nachdem Sigurd die Tat vollbracht hatte, schnitt Regin dem Drachen (also seinem verwandelten Bruder) das Herz heraus und trank das Blut aus der Wunde. Dann sprach er:

„Sitz nun, Sigurd -
Ich such mir ein Lager,
Halt ans Feuer das Fafnirherz!
Munden mag ich mir den Muskel lassen,
Nach dem Trunk vom Totenblut."

Sigurd nahm Fafnirs Herz und briet es an einem Zweig. Als er glaubte, dass es gar sei, fasste er es mit einem Finger an, verbrannte sich und fuhr mit seinem Finger in den Mund (Abb. links).
Als Fafnirs Herzblut ihm auf die Zunge kam, verstand er die Sprache der Vögel. Sie warnten ihn vor Regin. Sigurd schlug ihm daraufhin den Kopf ab, verspeiste selbst das Drachenherz und nahm den Hort an sich.
Die Vögel wiesen Sigurd den Weg zur zauberhaft schönen Brynhild, die er inmitten eines Feuerrings schlafend vorfand und erweckte[9].

<< Sigurd kommt in Kontakt mit dem Drachenblut, um 1020, Felsritzung in Ramsund, Norwegen

DAS DRACHENBLUT UND SEINE WIRKUNG

Das zentrale Motiv des Drachenkampfs ist der Kontakt des siegreichen Helden mit dem Blut des Drachens sowie das Verstehen der Vogelsprache. Vermutlich handelt es sich bei der Vogelsprache um Erkenntnisse aus dem Jenseits, denn die Seelen Verstorbener dachte man sich in frühen Kulturstufen vielfach vogelgestaltig.

Die Unverwundbarkeit durch das Drachenblut, also die „Hornhaut" im Nibelungenlied, ist ausschließlich aus deutschsprachiger Überlieferung bekannt (Nibelungenlied, Rosengartenlied, Seyfridlied) und wahrscheinlich eine spätere Zutat.

Beim Verstehen der Vogelsprache hingegen handelt es sich um ein sehr altes Motiv, das uns im gesamten indoeuropäischen Raum häufig in Zusammenhang mit dem Drachenblut oder dem Drachen im Allgemeinen begegnet.

Aus dem nordischen Raum kennen wir unzählige Darstellungen dieser Sagenversion auf Kirchenportalen, Grabstelen und Felsritzungen.

Die sakrale Verwendung der Drachenkampfgeschichte zeigt deutlich, dass es sich hier nicht um Darstellungen der Heldensage, sondern in erster Linie um religiöse Motive handelt.[10]

Im Rheinland, dem mutmaßlichen Ausgangspunkt dieser Erzähltradition, ist ein religiöser Kontext in Zusammenhang mit der Nibelungensage hingegen kaum nachweisbar.

<< Sigurd kommt in Kontakt mit dem Drachenblut, um 1270, Stabkirche von Hylestad, Norwegen, Die Holzschnitzereien zeigen sieben Szenen aus der Legende von Sigurd dem Drachentöter

DER DRACHENKAMPF IN VOLKSTÜMLICHER ÜBERLIEFERUNG

Um 1530 erschien erstmals die „Historie des hürnen Seyfried", auch „Seyfridlied" genannt. Obwohl das Lied mehr als 300 Jahre nach dem Nibelungenlied niedergeschrieben wurde, ist es „kein Zeugnis der Nibelungenlied-Rezeption, denn der Text enthält gerade Züge, die in den Eposfassungen des 13. Jh. nicht vorkommen, sondern mit der nordischen Sagengestaltung übereinstimmen"[11].

Mit dem Seyfridlied liegt uns eine sehr späte Form dieser alten Geschichte vor. Leider fehlen für das Früh- und Hochmittelalter die Angaben zum Stand der mündlichen Überlieferung. Die Chroniken ab 1488 jedoch vermitteln uns eine große Verbreitung dieser Erzähltradition bis hin zur völligen Verdrängung der großen Epen, die in erster Linie durch Handschriften überlebten, jedoch nicht von der mündlichen Überlieferung getragen wurden[12].

All dies spricht für ein sehr hohes Alter des Seyfridlieds[13], bzw. der dem Lied zugrundeliegenden Sage vom Drachentöter, die mit großer Sicherheit schon lange vor der Niederschrift des Nibelungenlieds Verbreitung in Deutschland und weiten Teilen Europas fand.

DAS SEYFRIDLIED

> Seyfrid geht bei einem Schmied in die Lehre, tötet einen Drachen, erwirbt die Hornhaut sowie (durch Verspeisen des Drachenherzes) das Verständnis der Vogelsprache. Die Vögel warnen ihn vor dem Schmied, den er daraufhin erschlägt. Als Seyfrid nach Worms kommt, erfährt er, dass die (königliche) Jungfrau Kriemhild von einem weiteren Drachen entführt wurde.

<< Der Drache entführt Kriemhild, Szene aus dem Seyfridlied, Holzschnitt VII., 1527

Er besiegt zuerst einen Riesen, erschlägt dann einen in einen Drachen verwandelten Mann und kann schließlich Kriemhild befreien. Seyfrid bekommt einen Kuss, sie versprechen sich die Ehe und feiern Hochzeit (in manchen Varianten sogar im Wormser Rosengarten[14]).

Von dieser Hochzeit, so heißt es im Text, berichtet allerdings ein anderes Lied. Doch diese – sicherlich sehr aufschlussreiche – Lokaltradition ist leider verlorengegangen[15].

GEMEINSAME ELEMENTE DER DRACHENKAMPFSAGEN

Übersetzt man die Symbolik des Drachenkampfs, erkennt man sehr schnell, dass es sich hierbei immer um einen Kampf zweier Männer handelt, von denen einer Drachengestalt angenommen hat.

Das gilt natürlich nicht für alle überlieferten Drachenkämpfe, wohl aber ausnahmslos für den Bereich der Nibelungenmythologie (unter anderem in der Edda, der Völsungensaga, der Thidreksaga, dem Seyfridlied sowie in Märchen, wie z. B. in König Lindwurm)[16].

Gelingt es dem Herausforderer seinen Gegner, also den „Drachen", zu besiegen, erwirbt er dessen Macht und seine Besitztümer (den Hort oder das Land) sowie die Hand der Jungfrau[17].

Das Mythenschema „Kampf gegen das Ungeheuer und Befreiung der Jungfrau" behält seine Gültigkeit für die gesamte indoeuropäische Kulturgruppe.

ZWÖLFKAMPFDICHTUNGEN

In der deutschen Überlieferung[18] tritt anstelle des Drachenkampfs oft der sogenannte Zwölfkampf[19]. Dabei kämpfen zwölf Männer gegen einen[20], oder es sind, wie im Rosengartenlied, zwölf gegen zwölf[21], die jeweils in Zweikämpfen einander gegenübertreten. Drachenkampf und Zwölfkampf können ebenso in unmittelbarer Nachbarschaft auftreten[22]. Letzteres allerdings lässt auf eine unverstandene Motivwiederholung schließen.

Sehr häufig findet der Zwölfkampf auch im übertragenen Sinne statt. Oft verleihen magische Zaubermittel, wie z. B. ein Ring, ein Gürtel oder eine Tarnkappe, die Kraft von 12 Männern.

Odysseus und seine (12) Gefährten blenden den Zyklopen, antike Vasenmalerei, um 660 v. Chr.

Der Zwölfkampf findet sich bereits mehrfach bei Homer im 8. Jh. v. Chr. Seine Basis bildet ein indoeuropäischer Mythos. Symbolisch betrachtet haben wir es beim Zwölfkampf möglicherweise mit einem Jahreszeitendrama zu tun, wobei die einzelnen Kämpfer jeweils einen Mondmonat repräsentieren.

Im antiken Rom wurde das sogenannte Trojaspiel gepflegt, ein von vermutlich zwölf Männern in labyrinthischen Bahnen abgehaltener Waffentanz, der selbst im spätmittelalterlichen England in ähnlicher Weise von zwölf sogenannten Trojanern zelebriert wurde (mehrfache Erwähnung bei Shakespeare). Auf die Bedeutung dieser Tänze gehe ich noch ein.

DIE ERWECKUNGSSAGE

DIE ERWECKUNG DER WALKÜRE

Nachdem Sigurd den Drachen getötet hat, führen ihn die Vögel – so berichtet uns die Edda – zur Walküre (Brynhild).

Der weitere Verlauf der Geschichte ist fragmentarisch, bedingt durch Fehlseiten in der einzig überlieferten Handschrift (die sogenannte Eddalücke)[23].

Odin, der Göttervater, hat die Walküre mit dem Schlafdorn gestochen und zu ihrem Schutz einen Flammenring um ihre Schlafstätte angelegt[24], die sogenannte Waberlohe. Als Sigurd herannaht, legen sich die Flammen und er kann mühelos eintreten (für jeden anderen ein tödliches Unterfangen). Unser Held schneidet der Schlafenden mit seinem Schwert den Brustpanzer auf und erweckt sie.

In anderen Überlieferungen wird die schlafende Schöne wachgeküsst.

> „Sie sei nicht mit dem Schwerte, sondern mit dem Kusse zu erobern"

Saxo Grammaticus, um 1200

Diese Version der Erweckungssage wurde schon oft mit dem Dornröschen-Märchen der Brüder Grimm verglichen[25].

<< Die Erweckung der Walküre (Brunhilds), Darstellung von Arthur Rackham, 1911

DIE ERWECKUNG VON DORNRÖSCHEN

Bei Dornröschens Geburt werden 12 von 13 Feen des Königreiches eingeladen (der König besaß nur 12 goldene Teller). Die uneingeladene 13. Fee erscheint dennoch und verflucht die Königstochter. In ihrem 15. Lebensjahr geht der Fluch in Erfüllung. Dornröschen sticht sich an einer Spindel, woraufhin es gemeinsam mit dem ganzen Schloss in einen langen Schlaf fällt.
Eine Dornenhecke wächst und schließt das Schloss hermetisch ab. Nach hundert Jahren kommt ein Prinz. Als er herannaht, weichen die Dornen zur Seite und er kann mühelos eintreten (für jeden anderen ein tödliches Unterfangen). Der Prinz erweckt das schlafende Dornröschen mit einem Kuss, danach feiern sie Hochzeit.

Die Parallelen zur nordischen Überlieferung sind über den inhaltlichen Zusammenhang hinaus sehr vielfältig: Brynhild war eine der zwölf (bzw. neun) Walküren im Gefolge der altgermanischen Fruchtbarkeitsgöttin Freya. Die Tempel der Freya wurden von Priesterinnen geleitet und waren mit Rosen umhegt[26].
Brynhilds Waberlohe[27] stellt vermutlich eine isländische Neuerung dar[28]. In der Vorstufe könnten es durchaus Rosen gewesen sein, zumal Feuer und Dornen im symbolkundlichen Bereich durchaus als austauschbar gelten.
Darüber hinaus verweist der Schlafdorn[29] Odins auf die Hagrose[30]. Eine Spindel wäre für ihn sicherlich unangemessen gewesen[31].

... UND SAGE WIRD MÄRCHEN

So deutlich die Parallelen des Märchens zur Sage sind, so problematisch ist aber auch die Gleichung Brynhild - Dornröschen, denn es ist nicht geklärt, inwieweit die Brüder Grimm das Dornröschen-Märchen bewusst an die nordische Tradition angelehnt haben.
Deshalb möchte ich an dieser Stelle die älteren Märchenversionen des Typs „schlafende Schönheit" kurz vorstellen.

<< Der Prinz findet das schlafende Dornröschen, Grimms Märchen, Paul Meyerheim, um 1870

Aus dem 14. Jh. stammt der altfranzösische Perceforest[32]. Es ist die Geschichte der schönen Celandine, die sich, wie es ihr von einer Göttin im Zorn prophezeit wird, beim ersten Spinnen eine Flachsfaser in den Finger sticht, worauf sie in einen tiefen Zauberschlaf fällt. Der Ritter, der sich um sie bemüht, trägt den Namen Troilus.

Der Name des Befreiers ist in unserem Zusammenhang äußerst aufschlussreich und belegt die Nähe dieses Märchentypus zu den Labyrinth-/Trojaspielen[33] (s.u.). In dieser Vorstufe des Dornröschen-Märchens fehlt zwar der Dornenhag, dennoch wurde dieses Element nicht von den Grimms erfunden, zumal sie sich selbst einige Mühe gaben bei dessen Interpretation[34].

Das von einem Dornenhag umringte Schloss hat eine lange Tradition. Bereits Mitte des 13. Jh. wird im „Seifrid de Ardemont"[35] der Berg, auf dem die königliche Mundirosa weilt, von einem Dornenhag geschützt. Seifrid befreit die Jungfrau, ähnlich wie im Seyfridlied[36], indem er mit Hilfe eines Zwergs einen Riesen erlegt.

Mit dieser Erzählung liegt uns eine sehr frühe Mischform des Dornröschen-Märchens und der Siegfriedsagen vor.

Im „Hürnen Siegfried", eine wiederum sehr späte Version des Seyfridlieds, sticht sich Kriemhild selbst während ihrer Hochzeit mit Seyfrid im Rosengarten an einem Dorn[37]. Ob es sich hierbei um ein inhaltliches Fragment des verlorengegangenen Hochzeitlieds handelt, muss natürlich offenbleiben.

Die Dornen erscheinen auch in dem unmittelbaren Vorläufer von Dornröschen, nämlich bei Charles Perraults „Die schlafende Schöne im Walde"[38]. Diese barocke Form besitzt nur sieben Feen, ist in den maßgebenden Teilen aber deckungsgleich. Die Auflistung der einzelnen Mischformen ließe sich noch etwas weiterführen, dennoch möchte ich den Exkurs zum Märchen hier schließen.

BRUNHILDISBETT

Dafür, dass die Erweckungssage schon lange vor der Niederschrift des Nibelungenlieds auch im Rheinland bekannt war, spricht das sogenannte Brunhildisbett. Dieser Name für den Taunus-Gipfel wurde erstmals 1043 als „lectulus brunhildis" aufgezeichnet, eine Bezeichnung, die damals nicht mehr zeitgemäß war und deshalb auf ein deutlich höheres Alter schließen lässt.

<< Brunhildisfelsen / Brunhildisbett, Gipfel des Großen Feldbergs im Taunus

DAS ROSENGARTENLIED

ROSENGARTEN ZU WORMS

Das Rosengartenlied[39], eine volkstümliche Erzählung des 13. Jh., scheint neben den Siegfriedliedern[40] die im deutschen Hochmittelalter geläufigste Version der Nibelungensage gewesen zu sein. Wer in dieser Zeit von Kriemhild sprach, meinte damit weniger die Jungfrau des Nibelungenlieds, sondern vielmehr die Königin des Wormser Rosengartens[41].

Der Inhalt dieses Lieds, es handelt sich um eine andere Spielart des Burgunden-Untergangs, steht dem des großen Epos konträr gegenüber: Hier übernimmt Siegfried nicht die heldenhafte Rolle eines Drachentöters, sondern ist selbst derjenige, der bezwungen wird[42].

> Zu Worms am Rhein legt Kriemhild einen von einer goldenen Borde umzogenen Rosengarten an. In seinem Zentrum steht eine große Linde, auf deren Ästen kunstvoll geschmiedete Vögel sitzen. Der Garten wird von zwölf Wormser Helden behütet, unter anderen Gunther, Gernot, Hagen und Siegfried.
> Kriemhild sendet Dietrich von Bern[43] eine Botschaft. Er soll mit seinen elf besten Rittern im Wormser Rosengarten um die Ehre kämpfen. Der Siegerpreis ist ein Kuss der Prinzessin sowie ein Kranz aus Rosen, nebenbei geht es auch um Reich und Volk. Dietrich nimmt die Herausforderung an. Es finden zwölf Einzelkämpfe im Rosengarten statt, die alle zu Gunsten der Berner enden. Kriemhild muss küssen, der Garten wird zerstört und Worms bekommt einen neuen Herrscher.

Die goldene Borde, die den Rosengarten umgibt, lässt sich nach Eliade[44] als Tabulinie oder Tabuband interpretieren. Sie trennt das Heilige vom Profanen und deutet auf eine sehr alte Tradition hin. Der Rosengarten wird (auch im Lied selbst) mehrfach mit dem Paradies verglichen und somit quasi als heiliger Ort beschrieben[45].
Der Zwölfkampf ersetzt im Rosengartenlied den an dieser Stelle zu erwartenden Drachenkampf, der motivgeschichtlich möglicherweise aber jünger ist.

<< Kriemhild vor der Linde im Rosengarten, Illustration um 1418, Cod. Pal. germ. 359, Rosengarten zu Worms

LAURIN - DER KLEINE ROSENGARTEN

Das Lied von Laurin[46], eine alpenländische Dichtung des 13. Jh., wird auch als der „Kleine Rosengarten" bezeichnet, im Gegensatz zum „Großen Rosengarten" aus Worms. In beiden finden sich die Rosen, die Linde und die Vögel wieder.

Zum Zweck der Vermählung von Prinzessin Kunhild werden alle Adligen des Reichs zu einer Maifahrt eingeladen – nur nicht der Zwergenkönig Laurin, dem es aber mittels der Tarnkappe dennoch gelingt, daran teilzunehmen. Als er Kunhild sieht, verliebt er sich sofort in sie. Laurin entführt die Prinzessin und hält sie in seinem Rosengarten gefangen.
Wer Laurins Rosengarten unrechtmäßig betritt, büßt als Pfand seinen linken Fuß und die rechte Hand, denn der Zwergenkönig besitzt dank seiner Magie die Kraft von zwölf Männern. Dennoch unterliegt er – ähnlich wie die zwölf Wormser Helden – Dietrich von Bern, der schließlich Kunhild befreit[47].

DAS WALTHARILIED

Der Waltharius[48] (bzw. das Waltharilied) ist eine andere Zwölfkampfdichtung[49], die ebenfalls mit den Rosengartenliedern in Zusammenhang steht, aber einige Jahrhunderte älter ist.
Um 970 verfasste ein Mönch aus St. Gallen den Waltharius in lateinischer Sprache. Er gilt als ältester Nibelungentext im deutschsprachigen Raum.

Hagen, Hildegund und Walther wachsen als Geiseln am Hof König Attilas auf. Hagen gelingt es zu fliehen und in seine Heimat zurückzukehren. Walther und Hildegund entwenden eine Kiste voll Gold und fliehen ebenso bald darauf. Nachdem das Paar den Rhein bei Worms überquert hat, werden sie von König Gunther, Hagen und elf weiteren Wormser Rittern (Siegfried bleibt unerwähnt) gestellt. Gunther fordert von Walther den Hort und die Jungfrau. Es folgen elf Einzelkämpfe, die (wie immer) fast alle tödlich für die Wormser enden. Schließlich kämpfen nur noch Hagen und Gunther gegen Walther. Hagen verliert dabei ein Auge, Gunther einen Fuß und Walther seine rechte Hand. Dann schließen sie Frieden.

Die Kämpfe finden zwar nicht in einem Rosengarten statt, dennoch schützt sich Walther „mit Dornen und Sträuchern"[50], und Hagen wird mehrfach als „Hagedorn"[51] oder „dorniger Hagen"[52] bezeichnet.

Illustration aus der Handschrift Manesse, UB Heidelberg, Cod. Pal. germ. 848

Die Etymologie des Namens Hagen führt uns zu dem Stamm *hag[53], im Sinne von Gehege. Die althochdeutsche Bedeutung des Wortes *hagen entspricht genau genommen der des Dornbuschs, wovon sich die alte Bezeichnung Rosenhag ableitet. Die Rose selbst (und auch ihr Name) ist erst um 800 n. Chr. in Deutschland eingeführt worden. Sie hat die ältere, einheimische Bezeichnung für den Dornbusch[54], also *hagen, über den Zwischenschritt „Hagrose"[55] fast völlig verdrängt.

ZEITACHSE

435 Burgunden-Untergang
durch Römer & Hunnen.
Burgunderkönig Gundarhar wird im Nibelungenlied zu König Gunther.

453 Attilas Tod
in der Hochzeitsnacht mit der Germanin Ildico[56].
Im Nibelungenlied wird Attila zu Etzel und Ildico zu Kriemhild.

600 Königinnenstreit
zwischen Brunichildis und Fredegunde (Merowinger).
Im Nibelungenlied wird Brunichildis zu Brünhild.

um 700 Beowulf[58]
Epos erwähnt eine „Sage der Vorzeit": Siegmund [Siegfried], den Drachenkampf und den Hort.

ab 772 Sachsenkriege
Karls des Großen

um 900 Altes Atlilied
Das älteste Lied der Edda
Atli [Attila] tötet Gunnar [Gunther] wegen des Horts. Aus Rache tötet Gudrun [Kriemhild] Atli.

um 930 Waltharius
Die älteste Nibelungensage im deutschen Sprachraum[57].
Walther kämpft gegen Gunther, Hagen und 10 andere Wormser.

vor 1000 Lied vom Drachenhort Die Erweckung der Walküre
alte Eddalieder
SIGURD [Siegfried] tötet den Drachen, isst das Drachenherz, gewinnt den Hort und erweckt die Walküre.

ab 1020 Felsritzungen
Hinweis auf Kenntnis der Siegfriedsage in Schweden.

400   500   600   700   800   900   1000

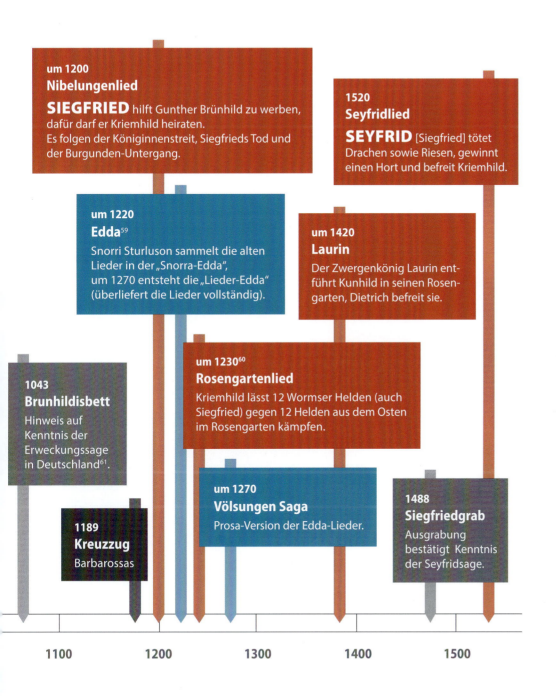

LABYRINTHE

HAGEN VON TROIA

Hagen ist die urtümlichste Gestalt der Nibelungensage. Seine dunklen und dämonischen Züge führen uns weit zurück in vorgeschichtliche Zeiten.

> „Nobilis hoc Hagano fuerat sub tempore tiro
> Indolis egregiae, veniens de germine Troiae."
>
> Waltharius

Im Waltharilied heißt er „Hagano (veniens de germine) Troiae". Erst Jahrhunderte später wird er im Nibelungenlied zu „Hagen von Tronje". Die Tradition der Thidreksaga hat den ursprünglichen Namen besser bewahrt, denn dort wird unser finsterer Held noch im 13. Jh. als „Högni (Haugni) af Troia" bezeichnet.

Es wurde schon sehr häufig versucht, die ursprüngliche Heimat Hagens zu lokalisieren. Unzählig viele Städte Europas tragen den Namen Troia bzw. Variationen davon. Wenn der Ort nicht gerade auf eine Gründung Kaiser Trajans zurückgeht[62], steht er zumeist in Zusammenhang mit labyrinthartigen Steinsetzungen oder Wallanlagen, von denen er seinen Namen herleitet.
Diese sogenannten „Trojaburgen" sind als Orte von kultischen Tänzen und Reiterspielen vielfach belegt und reichen von Griechenland bis nach Skandinavien, von den britischen Inseln über Russland bis nach Indien[63].

Franz Rolf Schröder[64] und Otto Höfler[65] haben bereits die Verbindung zwischen dem „Todesdämon" Hagen und dem Trojalabyrinth hergestellt.
Bei den Indern (Rigveda), Persern und Südslawen heißt diese dämonische Gestalt übrigens Druh, Druja oder Trojan! Im Altnordischen wird er als Drangr bezeichnet (Dranga Drottin ist ein Beiname Odins[66]), im Norwegischen drou oder droug. Hallmann stellt auch das Wort druid (Druiden) in diese Reihe[67].

<< Hagendenkmal am Wormser Rheinufer, 1905 von Johann Hirth für einen Rosengarten erschaffen.

DER URSPRUNG DES LABYRINTHS

Die älteste datierbare Darstellung eines Trojalabyrinths stammt von einem Tontäfelchen aus dem Palast von Pylos, der um 1200 v. Chr. niederbrannte. Bronzezeitliche Felsritzungen geben das Motiv von Spanien bis Irland eindeutig wieder. Auf einem etruskischen Krug aus dem 8. Jh. v. Chr. ist das Labyrinth mit dem Wort „troie" gekennzeichnet (dies gilt als die älteste gesicherte Verbindung des Labyrinths mit dem Namen Troja).

Zeichnung auf dem Weinkrug von Tragliatella, um 620 v. Chr.

Seit dem 4. Jh. v. Chr. findet sich dieses Motiv auch auf kretischen Münzen, auf deren Rückseite oftmals Apollo dargestellt ist; der Lichtgott gilt als einer der ältesten Drachenkämpfer. Er erschlug die Pythonschlange und übernahm daraufhin das Heiligtum von Delphi. Der Mythos wird um 1000 v. Chr. angesiedelt[68].

Die Knossos-Münzen gaben bereits in der Antike Anlass dazu, darin das Labyrinth des Minotaurus zu sehen[69]. Im Gegensatz zur erst um 270 v. Chr. aufgezeichneten Sage um den Minotaurus kann man sich in dem klassischen Labyrinth aber nicht verirren, denn der Weg führt immer zwangsläufig ins Zentrum.

Auf steinzeitlichen Felsritzungen der britischen Inseln zeichnen sich mögliche Vorstufen des Labyrinths ab[70], andere potenzielle Vorläufer kennen wir aus Babylon[71] und Ägypten[72]. Der Ursprung des Labyrinths aber bleibt im Dunkeln. Die Trojeburg von Visby auf Gotland, die troytown bei Sommerton in Südengland sowie der Schlangengang von Steigra bei Halle[73], um nur einige zu nennen, geben uns heute noch Zeugnis dieser nunmehr fast verschollenen Kultur.

<< Münze von Knossos mit Darstellung des Minotaurus-Labyrinth, Silber-Tetradrachme, Kreta, ab 430 v. Chr.

Finden sich in Deutschland heute nur noch wenige Trojaburgen, so lässt sich für das frühe Mittelalter doch eine beträchtliche Anzahl annehmen.

Aufgrund der allgemeinen Verbreitung „darf man wohl schließen, dass nahezu jede Gemeinde auf ihrem Festplatz eine Trojaburg besaß"[74].

Von der Windelbahn von Stolp, einem der wenigen klassischen Labyrinthe Deutschlands, ist uns sogar noch eine Festbescheibung[75] aus dem Jahr 1784 überliefert, wonach zuerst der Maigraf das Labyrinth im Kiebitzschritt durchtanzt und dafür mit einem „Pokal" belohnt wird. Dann tanzen die anderen, „einer von innen, einer von außen".

KIRCHEN-LABYRINTHE

Im Mittelalter fand das Symbol des Labyrinths, christlich interpretiert, Verwendung in Form von groß angelegten Fußbodenmosaiken in europäischen, insbesondere in französischen Kathedralen[76]. Auch klösterliche Handschriften[77] wurden damit illustriert. Von den Kreuzritterorden ist uns sogar überliefert, dass sie im 14. Jh. noch solche Labyrinthe anzulegen pflegten[78]. Das älteste Kirchenlabyrinth aus dem Jahr 324 n. Chr. schmückt den Boden der Basilika von Chlef in Algerien mit der Aufschrift „sancta ecclesia" im Zentrum. Das bekannteste und schönste aller Kirchenlabyrinthe findet sich in der Kathedrale von Chartres (frühes 13. Jahrhundert).
Der Kontinuitätszusammenhang zwischen den Trojaspielen, dem Labyrinth und dessen Namen gilt von der Antike bis in die Neuzeit als gesichert[79].

<< Der Schlangengang von Steigra, Rasenlabyrinth, im Hintergrund ein Grabhügel unter alten Linden

DER LABYRINTH-KULT

An dem ursprünglich sakralen Charakter des klassischen Labyrinths kann angesichts des zahlreichen Materials nicht gezweifelt werden. Im alten Rom zählte die „Troja" (troiae ludus) zu den wichtigsten Staatskulten und wahrscheinlich gehörte sie auch in Kreta in die staatliche Sphäre[80].

Der römische Trojakult wurde von den antiken Schriftstellern mehrfach erwähnt, am ausführlichsten von Vergil in der Aeneis[81]. Er beschreibt einen berittenen Tanz junger Adeliger. Die verschlungenen Bahnen, die sie dabei bilden, erinnern ihn an das kretische Labyrinth. Cäsar und Augustus haben den Kult zum Gedenken ihrer trojanischen Abstammung ausdrücklich gefördert.

Auf den Färöer-Inseln tanzt man bis heute zum Gesang des Sigurdlieds[82] den „ormen longe" (langer Wurm) in labyrinthischen Bahnen.

Der Vorsänger steht dabei separat, die Tänzer singen den Kehrreim. Man hält sich seitlich mit der Hand und geht immer zwei Schritte vorwärts, einen zurück[83].

Die alten serbischen Festlieder verlegten den Schauplatz des Drachenkampfes des heiligen Georg sowie die anschließende Jungfrauenbefreiung im Rahmen ihres traditionellen Georgspiels vor die „Mauern von Troja".

Den hierbei getanzten (verschlungenen) Reigen bezeichnet Rosen[84] sogar als das „Überbleibsel eines vorchristlichen Gottesdienstes".

Die Architektur der Trojalabyrinthe basiert nach allgemeiner Auffassung[85] auf einem solaren Kult. Die Windungen der Anlage entsprechen den Sonnenbahnen. Die äußeren Windungen reflektieren dabei den hohen Stand der Sonne im Sommer, die kleineren Windungen hingegen die winterlichen Bahnen bis hin zu dem Punkt im Zentrum, wo die Sonne alljährlich gefangen ist, um von dort wieder befreit zu werden. Trojaburgen waren demnach also begehbare Sonnensymbole, in denen die Menschen einen zyklischen Schöpfungsprozess der Natur nachvollziehen konnten[86].

<< Bronzezeitliche Felsritzung eines Labyrinths in Valcamonica, Lombardei, Italien

Das in diesen Labyrinthen abgehaltene kultische Spiel gliederte sich vermutlich in zwei Teile. Zum einen könnte es um die Befreiung oder Erlösung der – die Sonne repräsentierenden – Jungfrau z. B. aus der Gewalt eines Drachen (oder zwölf „Tänzern")[87] mit anschließender (heiliger) Hochzeit[88] gegangen sein, zum anderen um den unvermeidlichen Tod des Helden[89].

Auffallend ist die Verbindung des Trojalabyrinths zu Friedhöfen und insbesondere zu Hügelgräbern. Beide zusammen bilden einen kultischen Raum.

Kirchenfresko aus Räntmaki bei Abo, Finnland, spätes Mittelalter

Diese Mischform von Toten- und Fruchtbarkeitskult könnte – in komprimierter Form – die Vorlage der Geschichte um den Drachentöter und damit der ursprünglichen Nibelungensage sein.

Auf den folgenden Seiten finden Sie eine kleine Auswahl überlieferter und noch existierender Labyrinthe. Die aus Steinen gelegten bzw. aus dem Rasen geschnittenen Labyrinthe sind undatiert, da es hier in der Regel keine verlässlichen Daten gibt.

<< Trojaburg bei dem Grabhügel von Anundshög, Schweden, eines von über 500 Labyrinthen Skandinaviens

Felsengrab von Luzzanas, Sardinien
Italien, vermutlich bronzezeitlich

Felsritzung aus dem Tal Valcamonica
Italien, vermutlich bronzezeitlich

Felsritzung aus Mogor, Galicien
Spanien, vermutlich bronzezeitlich

Tontäfelchen aus Pylos
Griechenland, vor 1.200 v. Chr

Krug von Tragliatella „troia"
Italien, um 620 v. Chr.

Silbermünzen aus Knossos
Kreta, ab 430 v. Chr.

Gibelsima der Akropolis, Athen
Griechenland, 4. Jh. v. Chr.

Felsritzung im Tempel von Tikla
Indien, um 250 v. Chr.

Wandgraffiti aus Pompeji
Italien, um 79 v. Chr.

Fußbodenmosaik in Piadena
Italien, 30 n. Chr.

Gartenlabyrinth, Palatin, Rom
Italien, 90 n. Chr.

Bodenmosaik, Basilika von Chlef
Algerien, 324 n. Chr.

„Trojeborg" von Visby, Gotland
Schweden, Steinsetzung

„Jungfrudans" bei Üto
Schweden, Steinsetzung

Trojaburg auf der Insel Borgo
Finnland, Steinsetzung

Felsritzung bei Tintagel
England, Alter unbekannt

„Troytown" von Sommerton
England, Rasenlabyrinth

„Caerdroia" aus Wales
England, Rasenlabyrinth

„Schlangengang" von Steigra
Deutschland, Rasenlabyrinth

„Tanzplatz" von Graichen
Deutschland, Rasenlabyrinth

„Wunderkreis" von Kaufbeuren
Deutschland, Rasenlabyrinth

„Eilenrieder Rad" bei Hannover
Deutschland, Rasenlabyrinth

„Windelbahn" von Stolp
Deutschland, Rasenlabyrinth

„Wunderkreis" von Eberswalde
Deutschland, Rasenlabyrinth

„Walls of Troy" bei Holderness
England, Rasenlabyrinth

Felsritzung von Basarabi
Rumänien, 10. Jh.

Steinrelief im Tempel von Halebid
Indien, 12. Jh.

Kathedrale von Chartres
Fußbodenmosaik, Frankreich, 12. Jh.

Kathedrale von St. Quentin
Fußbodenmosaik, Frankreich, 13. Jh.

Felsritzung, Dolmen in Padugula
Indien, um 1350

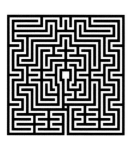
Kathedrale von St. Omer
Fußbodenmosaik, Frankreich, 14. Jh.

Kirchenfresko von Sibbo bei Helsinki
Finnland, 15. Jh.

„Robin Hoods Race" bei Sneinton
England, Rasenlabyrinth

Runensteinkreuz, Ritzung
Dänemark, 15. Jh.

Kirche St. Vitalis in Ravenna
Fußbodenmosaik, Italien, 16. Jh.

„Das Haus von Shamali"
Afghanistan, 20. Jh.

DAS WORMSER MAIFEST

Zur Erinnerung an die Hochzeit Krimhilds und Siegfrieds im Rosengarten[90] gab es angeblich bis ins 18. Jh. hinein Maifeiern auf den Wormser Rheinwiesen[91]. Vermutlich war diese Feier identisch mit dem sogenannten Wiesengang, der ebenfalls im Mai auf den Wormser Rheinwiesen abgehalten wurde[92].
Von dem dabei gepflegten Brauch ist eine Beschreibung aus dem Jahr 1540 erhalten. In diesem Zusammenhang wird jedoch von einer „uralten Tradition" gesprochen.[93].

Das Fest verlief Anfang Mai jeweils über drei Tage. Zuerst wurde ein Zelt (eine Laube[94]) auf dem Platz aufgebaut, worin die hohen Herren der Stadt während der Festlichkeit ihre Speisen einnahmen.
Die Schulkinder stellten sich nun kreisförmig um das Zelt. Einer der Schüler fungierte als Vorbeter, die anwesende Gemeinde ging auf die Knie und betete laut mit. Daraufhin liefen die Schüler dreimal singend um das Zelt herum und zuletzt einzeln hindurch. Ein jeder Schüler erhielt beim Austritt von dem Schützen eine May (ein Blumengebinde[95]). Die Prozession wurde täglich wiederholt.

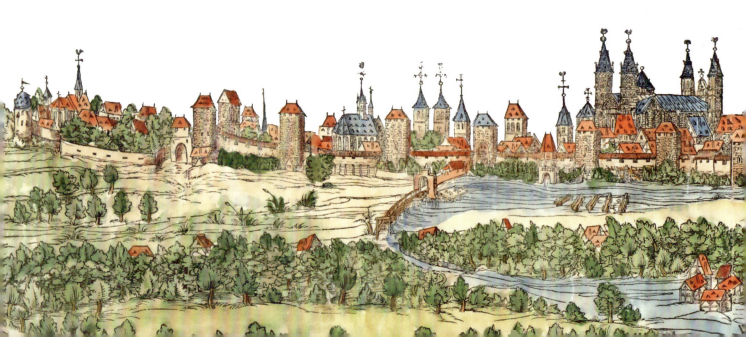

PARALLELEN ZUM LABYRINTH-SPIEL

Die Beschreibung des Wormser Maifests erinnert in deutlicher Weise an ein Trojaspiel, wie es in ähnlicher Art vielfach belegt ist. Der Termin des Fests ist häufig im Mai, schwankt jedoch zwischen Ostern und Pfingsten[96]. Fast immer werden die Spiele von jungen Männern oder Schülern abgehalten[97]. Das mehrmalige kreisförmige Umlaufen des Zentrums erinnert an das Durchlaufen der labyrinthischen Bahnen.

Von der Trojaburg bei Eberswalde wird z. B. Folgendes berichtet: „Am 2. Osterfeiertag zog die Schuljugend (dorthin), um den Kreis zu durchlaufen, am Ende bekommt jeder Schüler ein Ei zur Belohnung."[98]
Das Mahl der Ratsherren im Zentrum der Anlage könnte ein weiterer Hinweis auf das Trojaspiel sein. So speiste im Mai 1235 z. B. Friedrich II. in dem Pavillon einer Wurmlage bei Mainz[99]; sein eigener Sohn eröffnete das sogenannte Kreisreiten. Ähnliches wird von Herzog Ernst (1190), Kaiser Rudolph (1274) u. a. berichtet[100].

Nach Mone[101] galt auch der Wormser Rosengarten als ein Wurmgarten. Dass es sich hierbei nicht um einen Garten mit Würmern oder Lindwürmern handelte, ergibt sich aus dem Kontext. In Anbetracht der Quellenlage ist es aber denkbar, dass die labyrinthischen Bahnen einer Trojaburg hier namensgebend waren.

Einen Hinweis darauf, was man unter einem Wurmgarten verstehen könnte, gibt es im „Lanzelet", einem mittelhochdeutschen Artusroman. Hier wird das Irrwald-Schloss (zum verworrenen Tann) mit einem Wurmgarten verglichen[102].
Der alte Flurname des nördlichen Gräberfelds bei Maria Münster heißt Schlangenwaag. Das ist insofern interessant, wenn man an die Trojaburg von Steigra denkt, die den Namen Schlangengang trägt. Das mhd. *waag, obwohl es auch Bewegung bedeutet, ist in diesem Fall aber sicher als Woog (Gewässer) zu deuten, da sich das Gebiet in direkter Nachbarschaft zum Stadtgraben befindet.

DER SCHÜTZE

In der Beschreibung des Wormser Wiesenfests begegnen wir einem Schützen, der anscheinend keinen Bezug zu der vollzogenen Prozession hat und wie ein fremdes Element erscheint. Diese Figur gehört dem eher dramatischen Teil des Trojaspiels an.

> Aus dem belgischen Städtchen Rutten bei Tongern ist ein alter Maibrauch überliefert[103], bei dem ein Räuber namens Hacco mit einer Schar von berittenen Gefolgsleuten nach je zwei dreimaligen Umritten (erst außerhalb, dann innerhalb einer „Barriere") einen jungen „Pilger" verfolgt.
> Nachdem man dreimal vergeblich versucht hat, ihn mit einer Pistole zu erlegen, gelingt es schließlich dem „Schützen" (Hacco), den Gejagten mit einem Pfeilschuss (symbolisch) zu töten.

Gregoire[104], Kralik[105] und Höfler[106] zählen dieses Spiel zur Siegfried-Tradition. Eine ähnliche Geschichte ist uns von Snorri Sturluson aus dem 13. Jh. überliefert. Der Gejagte heißt dort Sigurd Hirsch[107], der Schütze Haki. Sigurd Hirsch wird erlegt, und Haki verliert eine Hand. Das Motiv der verlorenen Hand kennen wir sowohl aus dem Waltharius, als auch aus dem Laurin.
Der Schütze begegnet uns selbstverständlich auch im Nibelungenlied. In dem großen Epos ist es nämlich Hagen, der Siegfried im Rahmen einer Jagd ermordet[108].

<< Hagen tötet Siegfried in dieser Illustration mit einem Pfeilschuss, Hundeshagenschen Kodex, 15. Jh.

DIE LINDE

Bei den Griechen, Kelten, Germanen und Slawen galt die Linde als heiliger Baum. Und ähnlich wie die Rosen den Tempeln der Freya, der Anführerin der Walküren, zugeordnet werden, steht auch die Linde mit dieser altnordischen Fruchtbarkeitsgöttin in unmittelbarem Zusammenhang (Freya-Linden)[109].

Unter ihrer weitauslaufenden Krone kann sich eine ganze Dorfgemeinschaft versammeln[110], um öffentliche Beschlüsse zu fassen, Verträge zu schließen, zu heiraten oder Feste, vor allem Maifeste, zu feiern[111].
Es war aber auch der Ort des Gerichts. Das Dorfgericht unter der Linde hat eine lange Tradition, die auf die germanische Gerichtsversammlung, das Thing, zurückgeht. Die Linde ist deshalb auch als „Gerichtsbaum" oder „Gerichtslinde" bekannt[112].

DIE LINDE IN DER NIBELUNGENSAGE

Im Nibelungenlied steht an dem Ort, wo Hagen Siegfried erschlägt, eine Linde[113]. Ebenso wird der Schauplatz des Drachenkampfs, die Überwindung des Lindwurms, von einer Linde überschattet[114]. Handelt es sich dabei um den gleichen (kultischen) Ort? Das Wort „Lindwurm" ist eine Tautologie, denn *lint bedeutet nicht „Linde", sondern ebenfalls „Wurm"[115]. Dennoch ist die Verwandtschaft zwischen Wurm und Linde sehr auffällig.

Im Wormser Rosengarten stand laut Rosengartenlied eine große Linde, auf deren Ästen kunstvoll geschmiedete Vögel saßen[116]. In der Straßburger Ausgabe des Heldenbuchs stirbt Siegfried sogar im Rosengarten (also auch hier unter einer Linde). Diese ungewöhnliche Variante findet sich sonst nur in Wormser Quellen. Eugen Kranzbühler[117] vermutet hierin sogar einen ganz eigenen Zug der lokalen Sage[118].

Eine ähnliche Geschichte ist aus dem „Hürnen Siegfried" bekannt. Ortnit erleidet hier wehrlos (wie Siegfried) einen tragischen Tod, bezeichnender Weise in einem Rosenanger bei der „Zauberlinde". In einer anderen Version ist es dann Wolfdietrich, der Herr von Troje (!), der Ortnits Tod rächt.

<< Die drei Mallinden, angeblich eine alte Gerichtsstätte der Mark Dorla

DIE LINDE UND DAS LABYRINTH

Die Linde scheint, zumindest in Zentraleuropa, eng mit dem Trojalabyrinth verbunden zu sein.

Die Windelbahn von Stolp war früher, ähnlich wie das Eilenrieder Rad bei Hannover, gänzlich von Lindenbäumen umgeben. Der Schlangenkreis von Steigra wird sogar heute noch von uralten Linden überragt. Der Festzug um die Merichslinde bei Nordhausen erfolgte, angeführt vom Maigraf, in labyrinthischen Bahnen. Ebenso befindet sich das Labyrinth (der Tanzplatz) von Graichen in Tübingen unter der sogenannten „Tanzlinde". Diese Aufzählung könnte ich noch lange weiterführen.

Der Festzug um die Merichslinde bei Nordhausen, Mitte des 18. Jh.

Es scheint, als wäre das Labyrinth über weite Teile Europas schon fast obligatorisch einer Linde zugehörig und beide gemeinsam auch dem Kult um Leben und Tod verpflichtet – unter freiem Himmel, inmitten der Gräber der Ahnen und möglicherweise mittels einer Dornenhecke von der profanen Welt getrennt.

Vielleicht haben wir uns so – oder so ähnlich – die Kathedralen einer unbestimmten Frühzeit vorzustellen.

<< Die Dorfgemeinschaft unter der Linde: Die goldene Hochzeit, Gemälde von Ludwig Knaus, 1859

WORMSER ROSENGÄRTEN

DER SAGENHAFTE ROSENGARTEN

Der Kampfplatz des Rosengartenlieds war linksrheinisch gedacht, denn Dietrich musste mit seinen Männern, von Osten kommend, über den Rhein setzen.

Der bekannte Rosengarten bei Lampertheim (rechtsrheinisch, gegenüber von Worms gelegen) wird erstmals 1422 erwähnt, knapp 200 Jahre nach der Dichtung des Rosengartenlieds.

Bereits 1324 wird in Worms ein „Haus zum Rosengarten" und 1339 (zumindest nach den Quellen von Kurt Ranke) ein Rosengarten bei einem Kirchhof erwähnt. Allerdings steht diese Meldung isoliert, die städtischen Quellen bezeugen ab 1339 lediglich eine „Rosengassen" in Worms, und zwar in unmittelbarer Nachbarschaft des Nonnenklosters Maria Münster.

DAS GRÄBERFELD BEI MARIA MÜNSTER

Für einen Rosengarten bei Maria Münster spricht auch das ausgedehnte Gräberfeld dort. Es wurde von einem Tumulus quasi gekrönt, der seit Ende des 15. Jahrhunderts unter dem Namen „Seyfrids Grab" überliefert wird.

Bereits die Römer haben diesen Ort offensichtlich als Bezugspunkt gewählt, denn ihre Stadtbefestigung grenzte mit dem südlichsten Punkt an die prähistorische Nekropole. Im 9. Jh. entstand dort das älteste Wormser Nonnenkloster, Maria Münster. Im 13. Jh. wird der Tumulus selbst umbaut von zwei Kapellen (eine ausführliche Beschreibung des Hügelgrabs finden Sie im Kapitel **SIEGFRIEDS GRAB**). Hügelgräber dienten seit alters her, ähnlich wie Linden, häufig als Orte für Rechtsprechungen und heilige Zeremonien.

Da es durchaus üblich war, Begräbnisstätten dieser Art als Rosengarten zu bezeichnen, könnte auch diese Grabstätte so genannt worden sein. Unter Berücksichtigung der überlieferten Straßen- und Hausnamen in diesem Gebiet ist dies sogar wahrscheinlich.

<< Die Rosengasse (erste Erwähnung 1339) [1] und das Siegfriedgrab beim Kloster Maria Münster [2]

DIE LOBWIESE

Die Wormser Geschichtsschreibung kennt einen Ort namens „Lobwiese". Unter anderem wurde dort 1122 das Wormser Konkordat öffentlich verkündet.
Dieser Platz wird in mehreren Urkunden genannt, ohne ihn näher zu lokalisieren. Sicher ist lediglich, dass er linksrheinisch, zwischen dem Rheinufer und der Stadt, gelegen haben muss.

Boos hat - ähnlich wie Christ - diesen Ort, ohne nähere Begründung, bei Maria Münster gesucht (zumindest war die Lobwiese im Besitz des Klosters). Der Name des Ortes leitet sich nach Kranzbühler von dem dort abgehaltenen Maifest ab, bei dem die Laube eine zentrale Rolle spielte (siehe Seite 54).

Im Jahr 1616 schreibt Staricius[119], „dass der Rosengarten, in welchem bey seiner zeit viel Helden erschlagen worden, vnd er (Siegfried) selbsten vmbs leben kommen, außerhalb der Stadt daselbsten noch heutiges Tags gezeigt wird". Diese Nachricht steht isoliert und wird durch kaum eine andere Quelle bestätigt.

Lediglich Goerres schreibt 1848 „und noch wird der Rosengarten (dort) gezeigt". Bezeichnenderweise wählt Goerres das Präsens, von den anderen sagenhaften Sehenswürdigkeiten der Stadt (Siegfrieds Grab, den Malereien am Haus zur Münze, etc.) spricht er in der Vergangenheit. Dennoch wird es sich bei dieser späten Notiz eher um ein Missverständnis handeln, sonst wäre die Aussage sicherlich durch städtische Quellen belegt.

Wenn es diesen Rosengarten dennoch gab, wird es sich entweder um eine Erinnerung an das Gräberfeld beim Kloster Maria Münster gehandelt haben oder um eine jener touristischen Attraktionen[120], mit deren Hilfe sich die Wormser schon damals wirkungsvoll zu präsentieren verstanden.

Nach der Zerstörung der Stadt in der Folge des Pfälzischen Erbfolgekriegs 1689 hat man in Worms die Erinnerung an die eigene sagenhafte Vergangenheit für über zwei Jahrhunderte verloren.

<< Ausgrabung im Gräberfeld Maria Münster, 1883, Bild Stadtarchiv Worms

Nächste Doppelseite: Der Rosengarten im Wormser Wäldchen (heutiges Spectaculum-Gelände), um 1914

ROSENGARTEN UND ROSENFEST

Nach einem Besuch Kaiser Wilhelms II. im Jahr 1889 wuchs in Worms erneut das Interesse an der Heldensage. Im Jahr 1904 initiierte Konrad Fischer in Anlehnung an das Rosengartenlied zusammen mit Georg Roeß das Rosenfest, den unmittelbaren Vorläufer des Backfischfests.

Im folgenden Jahr, also 1905, kombinierte Konrad Fischer die gerade laufenden Arbeiten an der Stadtparkgestaltung im Wormser Wäldchen mit seiner Rosengarten-Idee und startete einen Rosengarten-Wettbewerb, um „der sagenhaften Vergangenheit der Nibelungenstadt ein Denkmal zu setzen"[121].

<<   Anfertigung von Rosengirlanden für das Rosenfest 1907, Bild Stadtarchiv Worms

Der hierfür vorgesehene Ort war die heute als Veranstaltungsfläche des Wormser Spectaculums bekannte Parkanlage im Wormser Wäldchen. Bis 1910 wurden 10.000 Rosen angepflanzt, weitere 8.000 kamen bis 1914 hinzu. Der sogenannte Äschebuckel wurde eigens dafür aufgeschüttet und wuchs auf 12 Meter, die vorgesehenen 19 Meter erreichte er allerdings nie[122].

Das bekannteste Relikt des ambitionierten Plans ist das von Freiherr von Heyl gestiftete und von Johan Hirt ausgeführte Hagen-Standbild[123]. 1932 zog Hagen zum Wormser Rheinufer um und steht nun endlich - nach über einhundert Jahren - wieder bei einem Rosengarten.

<<   Die Wormser Innenstadt ist festlich mit Rosen geschmückt, 1906, Bild Stadtarchiv Worms

LAND-ART

Am 21. Juni 2021 wurde das Land-Art-Projekt **KRIEMHILDS ROSENGARTEN** am Wormser Rheinufer der Öffentlichkeit übergeben.

TECHNISCHE DATEN

Das Labyrinth misst 24 x 23 m und entspricht einer Gesamtfläche von rund 500 m². Der darin zurückzulegende Weg erstreckt sich über 120 m einfach. Bei einer durchschnittlichen Wegbreite von 1,80 m und einem Innenhof im Zentrum von 3 x 4 m entspricht dies einer Wegfläche von über 200 m². Die beidseitig anzubringende Randeinfassung misst etwa 320 laufende Meter.
Die Rosenhecke ist etwa 150 m lang und besteht aus 224 rot und rosarot blühenden Rosenstöcken. Die dafür ausgewählten historischen Strauchrosen sind winterhart und stark duftend. Die Rosenhecke selbst variiert in der Wuchshöhe zwischen 80 und 150 Zentimetern[124].

Die drei hochstämmigen Winterlinden sind dicht zueinander im Dreieck gepflanzt, so dass sie eine gemeinsame Krone bilden und in ferner Zukunft möglicherweise auch einen gemeinsamen Stamm. Sobald die Linden gepflanzt sind, gewinnen sie recht schnell an Höhe und können bis zu tausend Jahre alt werden.

Das Land-Art-Projekt **KRIEMHILDS ROSENGARTEN** nimmt eine Gesamtfläche von etwa 1000 m² in Anspruch.

IN KÜRZE

DIE LINDEN

Die Linde ist untrennbar mit der Nibelungenmythologie verbunden. Die Linde überschattet bekanntlich den Drachenkampf, aber auch Siegfrieds Tod. Sie findet sich im Rosengarten des gleichnamigen Epos, als Zauberlinde im Seyfridlied und symbolisch bei Brynhilds Waberlohe in der altnordischen Edda.

Bei Linden wurde Gericht gehalten, gefeiert und geopfert. Die Linde ist darüber hinaus auch der Baum der Toten und tritt immer wieder in unmittelbarem Zusammenhang mit dem Labyrinth in Erscheinung.

DAS LABYRINTH

Die Zusammenhänge zwischen der Nibelungensage und dem Labyrinth sind nicht derart offensichtlich. Dennoch spricht eine Vielzahl von Überlieferungen dafür, dass der mit dem Labyrinth verbundene Kult, dessen Wurzeln bis in die Bronzezeit zurückreichen und der in der ganzen indoeuropäischen Welt verbreitet war, eine mythische Grundlage der europäischen und somit auch der nibelungischen Sagenwelt bildet. Kultische Labyrinth-Spiele haben vielerorts ihre Spuren hinterlassen, vermutlich auch in Worms.

DIE ROSEN

Motivgeschichtlich sind „Kriemhilds Rosengarten", „Brynhilds Waberlohe" und sogar „Dornröschens Märchenschloss" eng miteinander verwandt. Sie erinnern an die Heiligtümer der Göttin Freya, die von Rosen umhegt waren, und finden sich wieder bei der „Madonna im Rosenhag".

Die Rose steht symbolgeschichtlich für Liebe und Fruchtbarkeit, aber auch für den Tod. Rosenhecken trennten Opferplätze und Gräber von der Außenwelt ab und schufen so einen heiligen Ort. Deshalb galt der „Rosengarten" auch lange Zeit als Synonym für alte Grabstätten.

<< Visualisierung von **KRIEMHILDS ROSENGARTEN**

AUSFÜHRUNG & DANK

Dieter Rauh, der Leiter des Amts für Grünflächen und Gewässer, hat zusammen mit **Elke Schäfer** den Rosengarten geplant, die Wege erschaffen und Rosen sowie Linden gepflanzt. Dieter Rauh, Elke Schäfer und ihre Mitarbeiter sind die faktischen Erschaffer des Rosengartens.

Volker Gallé, Kulturkoordinator der Stadt Worms und Vorsitzender der Nibelungenlied-Gesellschaft, hat das Projekt der Stadt zur Ausführung empfohlen und den Prozess stets begleitet.

Bernd Leitner, der Leiter der Tourist-Information, konnte für **KRIEMHILDS ROSENGARTEN** ein großzügiges Preisgeld des Ministeriums gewinnen und hat die Spendenkampagne koordiniert. Dadurch wurde die Grundfinanzierung des Kunstwerks gesichert.

Petra Graen, Ehrenamtliche Beigeordnete der Stadt Worms, hat das Projekt Rosengarten von Anfang an mit Freude unterstützt und federführend begleitet.

Dr. Ellen Bender und **Hans Müller**, beide Vorstandsmitglieder der Nibelungenlied-Gesellschaft, haben die vorliegende Konzeption formal und inhaltlich geprüft. Die Nibelungenlied-Gesellschaft Worms hat das Projekt auch durch die Publikation der Konzeption und deren Versand an alle Mitglieder unterstützt.

Florentine Hein, Autorin, hat die Texte der Konzeption für die Buchedition stilistisch aufgewertet und, wenn nötig, verständlicher gemacht.

Familie Karlin hat die erste Linde gespendet

Diyanet, der Türkisch Islamische Kultur-Verein, hat die zweite Linde gespendet

Familie von Heyl hat gemeinsam mit der **Familie von Bodenhausen** die dritte Linde gespendet

Wormser Bürgerinnen und Bürger haben 224 Rosen gespendet.

Daniel Körbel, Internetbeauftragter der Stadt Worms, und **Vera Meurer** von der Tourist-Info Worms haben sich großzügig der Webpräsenz von **KRIEMHILDS ROSENGARTEN** angenommen und mit der vorliegenden Website dafür gesorgt, dass man die Geschichte des Rosengartens nicht nur am Wormser Rheinufer erleben kann.

Berthold Röth, dem Leiter des Worms-Verlags, für seine Bereitschaft die Konzeption von **KRIEMHILDS ROSENGARTEN** in Buchform zu veröffentlichen.

Wichtige Unterstützer bei dem Projekt waren darüber hinaus **Guido Frohnhäuser**, Leiter des Bereichs Planen und Bauen, **Martina Held**, Redakteurin der Wormser Zeitung, die die Entstehung des Rosengartens durch begleitende Berichterstattung immer wieder gut dokumentiert hat, **Dr. Klaus Karlin** und **Dr. Jörg Koch**, die beide die Spendenkampagne zum Erwerb und der Pflege von Linden und Rosen maßgeblich gefördert haben.
… and last not least

Annette Eichfelder, des Künstlers Muse, die wichtigste Unterstützerin überhaupt.

KRIEMHILDS ROSENGARTEN
in der Entstehungsphase

SIEGFRIEDS GRAB

EINE KÜNSTLERISCHE INTERPRETATION

DIE KONZEPTION

Zur Erinnerung an ein legendäres Hügelgrab und der damit verbundenen Sagentradition jenseits des Nibelungenlieds habe ich dieses Kunstwerk entworfen.

So entstand **SIEGFRIEDS GRAB** gegenüber der historischen Stadtmauer, deren Türme das Nibelungenmuseum beherbergen. Auf diese Weise stellt das Kunstwerk dem Nibelungenlied die Sage jenes Drachentöters ergänzend zur Seite.

Das Land-Art-Projekt besteht aus einem 14 Meter langen Hügelgrab, flankiert von zwei über vier Meter hohen Menhiren und der nachfolgenden Auseinandersetzung mit diesem Thema.

<< **SIEGFRIEDS GRAB** am Torturmplatz

Vor über 300 Jahren ging das wohl eindrucksvollste Monument der Wormser Vorgeschichte verloren. Gemeint ist ein Tumulus (Hügelgrab) von etwa vierzehn Metern Länge, der mit „zwei aus der Erde hervorragenden Steinen" bezeichnet war.

Marquard Freher beschreibt es im Jahr 1613 als

> „das Grab des in ganz Deutschland besungenen Riesen, der den Ort durch sein Denkmal berühmt gemacht hat".

Sehr früh knüpften sich Legenden an dieses Grab. Geschichten von Riesen und von Lindwurmbezwingern, letztendlich das „Lied des hürnen Seyfrid"[125]. Dabei handelt es sich um eine weit verbreitete Siegfriedsage, die neben dem großen Nibelungenlied fast gänzlich in Vergessenheit geraten ist, obwohl sie in ihren ältesten Fragmenten möglicherweise sogar eine Vorstufe des Epos darstellt.

Die Seyfrid-Sagen beschreiben Siegfried stets als riesenhaften Drachenkämpfer, der selbst Riesen erschlägt und die Königstochter Kriemhild befreit[126] (siehe Seite 115f). Grabhügel von „außergewöhnlicher Größe" wurden nicht selten mit Riesen in Zusammenhang gebracht (Hünengräber). Spätestens im 15. Jh., möglicherweise aber auch schon vor der Niederschrift des Nibelungenlieds, wurde das Wormser Hügelgrab dem Riesen Seyfrid (Siegfried) zugeordnet.

<< Worms im Jahr 1521, 3D-Visualisierung von Faber Courtial

SAGENHAFTES WORMS

Vieles spricht dafür, die Entstehung der Nibelungensage an den Rhein zu verlegen[127]. Es ist leider nicht mehr möglich, eine Urform dieser Erzähltradition zu rekonstruieren, zumal es eine einheitliche Fassung wohl nie gegeben hat.

Schon lange vor der Niederschrift des Nibelungenlieds fand die Sage um den Drachentöter Verbreitung über ganz Deutschland und große Teile Europas.

Das Nibelungenlied selbst baut inhaltlich auf diesem älteren Erzählkern auf, den der Verfasser des Lieds beim Publikum als bekannt voraussetzte und deshalb nur stichpunktartig durch Hagen erwähnen lässt[128].

Die Motivation hierfür mag zum einen darin liegen, dass der Autor eine zeitgemäße Version der Sage formulieren wollte, zum anderen aber sicherlich in der Unvereinbarkeit des alten heidnischen Sagenstoffs mit der in Zentraleuropa erstarkten christlichen Lehre.

Auf den Inseln des Nordens und in Skandinavien konnten sich ältere Elemente dieser Erzählung noch bis ins Hochmittelalter relativ unverfälscht erhalten und ihren Niederschlag in den Heldenepen der Edda[129] und der Völsungensaga[130] finden.

In Worms, dem möglichen Ausgangspunkt der Sage, erzählten sich die Menschen vielleicht noch lange eben jene alten Geschichten und Lieder, wenn sie abends gemeinsam am Feuer saßen. Die Quellen schweigen bis zum Ende des 15. Jh. über die Heldensage. Aber die Nachrichten der Folgezeit, insbesondere die Reiseberichte von Besuchern sowie die Wormser Chroniken selbst, bezeugen, dass Worms viel Sagenhaftes zu erzählen hatte.

So haben die Geschichten um den „hürnen Seyfrid" (dem „Siegfried mit der Hornhaut"[131]) sehr viele Spuren in Worms hinterlassen. Die Erinnerung an das Nibelungenlied hingegen fehlt im ausgehenden Mittelalter gänzlich, als wäre es in Worms nie von Bedeutung gewesen.

Innerhalb der Seyfrid-Sagen tritt uns Siegfried stets als Riese entgegen, deshalb haben die sogenannten „Wormser Siegfriedreliquien"[132] allesamt auch etwas Riesenhaftes an sich. Es muss Riesen gegeben haben! Selbst die Gelehrten glaub-

<< Das älteste Wormser Stadtwappen, Titelseite der Stadt Worms Reformation von 1499 (Ausschnitt)

ten an ihre Existenz[133]. Schließlich wurden, vor allem in den Kiesschichten des Rheins, Knochen gefunden, deren Größe man sich nicht anders erklären konnte. Was wusste man seinerzeit schon von Saurier- oder Mammutfossilien?

Diese „Gigantenknochen" mussten von den von Siegfried erschlagenen Drachen und Riesen stammen. Besonders stattliche Exemplare konnten in den Arkaden des Rathauses bestaunt werden. Sie waren dort an eisernen Ketten aufgehängt[134]. Aber auch an vielen anderen Orten in der Stadt zeigte man diese Riesen- und Drachenknochen[135]. Die Chroniken erwecken den Anschein, als wären sie in der ganzen Stadt verbreitet gewesen. Am auffälligsten aber waren wohl die Exemplare am Marktplatz bzw. am Rathaus der Stadt. Genau diese Knochen finden wir auf Hammans Zeichnung von 1689[136] dokumentiert. Das Bild, das er uns vom alten Rathaus, dem Haus zur Münze, hinterließ, zeigt die besagten Knochen in den Arkaden des Laubengangs.

Oberhalb dieses Laubengangs befanden sich die Malereien Nikolaus Nivergalts. Er schmückte um 1493 das Rathaus mit Motiven der Nibelungensage.
Auch hier kamen die Riesen vor. Die Malereien bildeten nämlich, soweit wir dies heute bestimmen können, Inhalte des Rosengartenlieds, des Seyfridlieds oder einer uns unbekannten weiteren Lokaltradition ab[137].

Eine weitere riesenhafte Siegfried-Reliquie ist der sogenannte Siegfriedstein, den man noch heute am Dom besichtigen kann. Der Sage nach soll Siegfried diesen Stein mittels einer Lanze über den Wormser Dom geworfen haben. Eine spätere Quelle lässt ihn den Stein sogar vom Rosengarten aus dorthin schleudern[138].
Tatsächlich ist der Siegfriedstein der massive Rest einer alten Baumkelter. Die ältesten Hinweise, die auf eine Verknüpfung mit der Sage hindeuten, stammen aus dem Ende des 16. Jh., also aus einer Zeit, in der der ursprünglich profane Gebrauch dieses Steins schon lange in Vergessenheit geraten war.

Im Jahr 1616 wird von einem Brauch erzählt, nach dem ein leider nicht überliefertes Lied über den hürnen Seyfrid alljährlich zu gegebenem Anlass von den Meistersingern frei vorgetragen wurde, um die alten Traditionen zu pflegen. Nibelungenfestspiele der besonderen Art, finanziert durch den Rat der Stadt.

Erst mit der Zerstörung von Worms in Folge des pfälzischen Erbfolgekriegs im Jahr 1689 erlischt und verflacht allmählich die Erinnerung an die Nibelungen.

<< Haus zur Münze, 1689: Die Malereien zeigen Sagenmotive [1], im Bogengang hängen Riesenknochen [2]

DIE GESCHICHTE VON SIEGFRIEDS GRAB

Die einzigen Angaben über das Aussehen des historischen Grabs beschränken sich auf die Länge der Anlage sowie auf die Existenz „hervorragender" Steine.

Weder die Höhe der Steine noch die des Grabhügels sind überliefert. Auch wissen wir nicht, wie diese Steine zu dem Grab standen; möglicherweise waren sie sehr klein oder befanden sich auf bzw. zum Teil im Tumulus.

Ebenso ist uns unbekannt, wie viele Steine es ursprünglich waren, denn erst eine späte Quelle nennt die Zahl Zwei[139].

Dennoch lohnt sich eine Spurensuche durch die reichhaltige Vorgeschichte der Stadt Worms.

<< Gollenstein bei Blieskastel im Saarland, mit 6.6 Metern der größte Menhir Deutschlands, um 1800 v. Chr.

ZEITACHSE

Michelsberger Kultur
4400 - 3500 v. Chr.
Gräber sind sehr selten, es gab vermutlich Sonderbestattungen[150].

Wartberg-Kultur
3500 - 2800 v. Chr.
Für Worms nicht belegt, aber sehr gut möglich.[151]
Großsteingräber & Menhire

Schnurkeramiker
2800 - 2500 v. Chr.
Wenige kleine und schlecht erhaltene Grabhügel[152].

Glockenbecher-Kultur
2500 - 2200 v. Chr.
Bestattungen überwiegend in Flachgräbern.

838
Ludwig der Fromme gründet das Kloster
Maria Münster
50 Meter nördlich des „Siegfriedgrabs".

Römer
15 v. Chr. - 450 n. Chr.
Bestattungen in Flachgräbern[153].
Ausgedehnte römische Nekropole um das „Siegfriedgrab".

Franken
500 - 920
Bestattungen in Flachgräbern.
Fränkisches Gräberfeld im Umfeld des „Siegfriedgrabs".

Spätestens um die Mitte des 6. Jahrtausends vor Chr. wurden die Menschen am Rhein sesshaft und begannen allmählich mit dem Ackerbau, der Domestizierung von Haustieren, dem Bau großer Wohnhäuser und der Anfertigung kunstvollster Keramik. Große Grabanlagen sind aus dieser Zeit aber nicht bekannt.

Nach rund tausend Jahren, also etwa um 4400 v. Chr., kam es mit dem Übergang zur Michelsberger-Kultur einerseits zu einem deutlichen Rückgang der zuvor recht opulenten Keramikverzierungen. Darüber hinaus hinterließen die Menschen dieser Zeit so gut wie keine Skelettfunde, so dass man von „Sonderbestattungen"[140] ausgeht.

Abermals nach tausend Jahren, zum Ende dieser Kulturstufe, errichteten die Menschen der Michelsberger Kultur Wallanlagen mit teilweise riesigen Ausmaßen. Die plötzliche Notwendigkeit der Erdwerke lässt auf eine Bedrohung von außen schließen. Sie könnte mit klimatischen Veränderungen und daraus resultierender Nahrungsmittelknappheit einher gegangen sein.

Die darauffolgenden tausend Jahre, also die Zeit von 3500 bis 2500 v. Chr., sind archäologisch nur sehr schwer zu fassen. Das Keramikspektrum verarmte zusehends[141]. Die spärlichen Funde lassen vermuten, dass kleine und weniger entwickelte Kulturgruppen Rheinhessen besiedelten[142]. Vielleicht war es auch eine Kultur, die wenig Spuren hinterließ? Oder ist es möglich, dass sie uns doch etwas hinterlassen hat?

EIN STEINZEITLICHES GRAB?

Im Rhein-Main-Gebiet, rund 50 Kilometer nördlich von Worms, lässt sich die sogenannte Wartberg-Kultur nachweisen. Diese Kulturgruppe bestattete ihre Toten in aufwändigen Großsteingräbern.

Albrecht Jockenhövel[143] könnte sich vorstellen, dass es sich bei dem Wormser Tumulus um eines der verschollenen Bindeglieder zwischen der Wartberggruppe (Großsteingräber ohne begleitende Menhire) und der ostfranzösischen Megalithkultur (Dolmen mit integrierten Menhiren) handelt.
Die Entdeckung solcher Funde steht noch aus, werden aber von Jockenhövel erwartet. Hinweise darauf gab es bei Untersuchungen im hessischen Muschenheim („Heiliger Stein") sowie im pfälzischen Weisenheim am Sand (Eyersheimer Mühle). Um die

<< Megalithgrab „Heiliger Stein" der Wartberg-Kultur (3500 - 2800 v. Chr.) bei Muschenheim (Hessen)

Jahrhundertwende wurde an der Pfrimm eine ähnliche Grabanlage freigelegt, aber leider nur unzureichend untersucht.

Die Ausgrabungsberichte zum Siegfriedgrab (siehe Seite 107) erwähnen keine Steingiganten im Grabinneren, die bei solchen Gräbern zu erwarten wären. Hätte man solche „riesenhaften" Steine gefunden, wäre dies in der städtischen Chronik vermutlich nicht ohne Anmerkung geblieben. Erwähnt wurden lediglich „hervorragende Steine"[144]. Sollte es sich dabei um Menhire (Hinkelsteine) gehandelt haben?

Menhire der Jung- und Bronzezeit haben sich über die Jahrtausende hinweg nur vereinzelt in unserem Raum erhalten. Den Flurnamen zufolge müssen sie früher deutlich zahlreicher gewesen sein.

Zwischen Blieskastel und Beeten im Saarland steht der mit 6,6 Meter größte Menhir Zentraleuropas. Der sogenannte „Gollenstein" (auch „Spinnrocken" genannt) ist während des Hochmittelalters in den christlichen Kult einbezogen worden und konnte so bis in unsere Tage überdauern.

Andere hohe Steine wurden gänzlich in ein Steinkreuz verwandelt, vermutlich auch das (heilige) Heppenheimer Kreuz bei Pfeddersheim auf dem Gewann „am hohen Stein".

Etliche Menhire und Großsteinbauten haben im Laufe der Zeiten auch für profane Zwecke Verwendung gefunden (als Säulen und Meilensteine oder schlichtweg als Baumaterial).

Eine Datierung bzw. Bestimmung des Zeitpunkts der Aufstellung ist überdies problematisch, da nie archäologisch datierbares Material bei den Menhiren gefunden wurde[145].

In Westeuropa, dem eigentlichen Verbreitungsgebiet der Großsteinkultur, werden die ältesten Funde auf 4.500 v. Chr. datiert. Die bedeutendsten Anlagen, die Steinreihen von Carnac in der Bretagne und Stonehenge in Südengland, sind allerdings eher bronzezeitlich und somit deutlich jünger. In eben diesem Zeitraum dürften auch viele Menhire Rheinhessens und der Pfalz aufgerichtet worden sein.

Der ursprüngliche Zweck der Steine ist ungeklärt; möglicherweise dienten sie als Seelensitze der Verstorbenen, deren Gräber sich oft in nächster Umgebung des Menhirs befinden. Die Grabsteine unserer modernen Friedhöfe sind quasi eine Reminiszenz an diese Zeit.

<< „Das Heppenheimer Kreuz", auch „Heiliges Kreuz" in dem Gewann „Am hohen Stein"

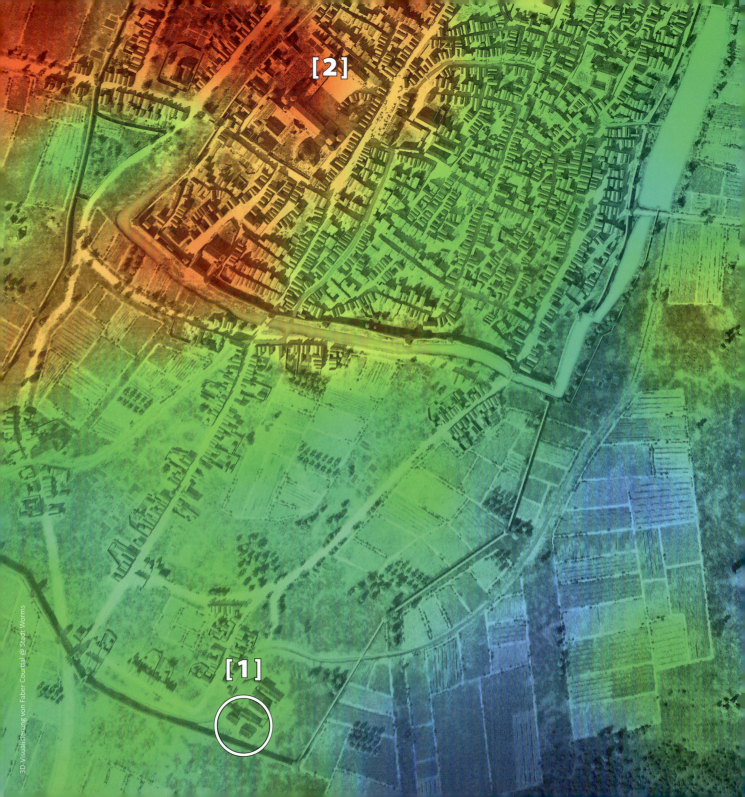

EIN BRONZEZEITLICHER TUMULUS?

Nach der Ansicht von Jens Lüning[146] könnten die „hervorragenden Steine" dennoch aus der Jungsteinzeit stammen.

Der Grabhügel wäre in diesem Fall dann aber eher bronzezeitlich und wurde, wie dies auch an anderen Orten nachzuweisen ist, „im Rahmen der Kontinuität ritueller Landschaften" den Monolithen beigesellt. Dies trifft auch auf die Kirchenbauten zu, die das Siegfriedgrab im Mittelalter quasi umringten.

Eine frühe neolithische Kombination der Menhire mit dem Tumulus hält Lüning für ausgeschlossen, da sich hierfür in der Region bisher keinerlei Parallelen finden lassen.

Für die These eines bronzezeitlichen Grabhügels spricht noch ein anderes Detail. Die spärliche Überlieferung zur Ausgrabung des Siegfriedgrabs berichtet: „Er (der Kaiser) ... ließ graben bis aufs Wasser".

Da weder römische, fränkische noch christliche Gräber, die in unmittelbarer Nähe des Tumulus gefunden wurden, traditionell nahe am Grundwasser angelegt werden, verwundert diese Nachricht ein wenig.

Berücksichtigt man zudem die Lage des Gräberfelds, dann fällt auf, dass etwa 100 Meter östlich das Gelände zum Rhein hin abfällt.[147] Wie tief also mussten die Ausgräber des Jahres 1488 graben, um auf Wasser zu stoßen?

Vielleicht mussten sie gar nicht allzu tief graben, denn neuzeitliche Untersuchungen deuten darauf hin, dass viele dieser frühbronzezeitlichen Hügelgräber bewusst von ihren Erbauern mit einem „Nasskern" angelegt wurden. Das bedeutet, der Grabhügel wurde so aufgebaut, dass sich in seinem Inneren große Mengen Wasser sammeln und halten konnten[148]. Der dadurch bedingte Sauerstoffabschluss hatte zur Folge, dass die Bestatteten ähnlich gut erhalten wurden wie Moorfunde oder Moorleichen. Ob dies die ursprüngliche Intention der Erbauer war, muss natürlich offenbleiben.

<< Topografische Karte der Stadt Worms über der 3D-Visualisierung von 1521 (Karte siehe Seite 104) Standort des Siegfriedgrabs **[1]** in der südlichen Vorstadt und markant: der Domhügel **[2]**. Der dunkelrote Bereich liegt bei etwa 113 Meter, der dunkelblaue Bereich bei etwa 85 Meter über dem Meeresspiegel.

EIN KELTENFÜRST?

Die Beschreibung des Siegfriedgrabs erinnert stark an die eines keltischen Fürstengrabs der Hallstattzeit. Lediglich die Erwähnung eines zweiten Steins stimmt nicht damit überein. Gerade die Ausgrabungen der letzten Jahre zeigen uns, dass eine große keltische Bevölkerung dauerhaft in Worms ansässig gewesen sein muss. Hierzu zitiere ich aus einem Artikel von Ulrike Schäfer:

"Anfang der 60er Jahre wurde in der Herrnsheimer Gemarkung das kostbar ausgestattete Grab einer Keltenfürstin aufgefunden. 1991/92 erfolgte die Entdeckung einer weiteren reichen Bestattung. (...) Mitten im Industriegebiet Nord wurde das größte keltische Gräberfeld des gesamten Raums zutage gefördert. Es handelt sich um insgesamt 33 Kreisgräberanlagen mit 135 Bestattungen. Sie stammen überwiegend aus der La-Tène-Zeit. „Das älteste Grab wurde wohl im 13. Jh. v. Chr. angelegt", so Detert Zylmann, der die Grabungen wissenschaftlich betreut, „die jüngsten können wir ins erste vorchristliche Jahrhundert datieren. Bestattet wurden die toten Kelten in mächtigen Hügeln mit einem Durchmesser von fünf bis 40 Metern, die von eins, zwei und manchmal auch drei kreisförmigen Gräben umgeben waren und häufig mehrere Gräber bargen.
Durch die landwirtschaftliche Nutzung seit Hunderten von Jahren seien die Hügel natürlich schon lange reduziert worden, im Vergleich mit anderen Fundorten dürfe man aber annehmen, dass sie ehemals drei bis vier Meter hoch gewesen seien und dass darauf manchmal auch noch eine Stele gestanden habe", erläutert Dr. Rupprecht."[149]

FAZIT

Nach unserer kleinen Reise durch die Wormser Vorgeschichte kristallisieren sich drei Epochen heraus, die einen Tumulus wie das Siegfriedgrab hinterlassen haben könnten: Die jungsteinzeitliche Wartberg-Kultur, die Epoche der Hügelgräber-Bronzezeit und die Kelten der Hallstattzeit.

Eine megalithische, jungsteinzeitliche Grabanlage, so verlockend dies auch sein mag, halte ich für unwahrscheinlich, da derartige Monumente in unserem Raum nicht nachweisbar sind und die Ausgrabungsberichte auch keine großen Steine im Grab erwähnen. Tendenziell würde ich, insbesondere aufgrund der Tatsache, dass die Ausgräber auf Wasser gestoßen sind, einen frühbronzezeitlichen Tumulus mit Nasskern vermuten.

<<   Grabhügel des Keltenfürsten von Hochdorf, Landkreis Ludwigsburg, Deutschland

BEVOR DIE CHRONIKEN SPRECHEN

Die Berichterstattung über das Grab selbst beginnt erst im Jahr 1488 mit seiner teilweisen Zerstörung durch Kaiser Friedrich III. (siehe unten). Vermutlich aber war das Grabmal, oder zumindest das Areal, auf dem es stand, auch schon in früherer Zeit von Bedeutung.

In römischer Zeit grenzte die Stadt Worms[157] (Borbetomagus) in ihrem südlichsten Punkt unmittelbar an die prähistorische Nekropole, offenbar ohne sie einzuschließen.

1890 stieß Carl Koehl bei Ausgrabungsarbeiten in diesem Gebiet auf römische und fränkische Gräber. Grabanlagen anderer Epochen dürfen dort ebenfalls vermutet werden. Spätestens seit der fränkischen Zeit umgab den Tumulus ein christlicher Friedhof.

Nach der Überlieferung geht die Gründung des Nonnenklosters Maria Münster, zu dem dieser Friedhof gehörte, auf Ludwig den Frommen, den Sohn Karls des Großen, zurück. Der Jahrestag des am 20. Juni 840 verstorbenen Kaisers wurde dort alljährlich feierlich begangen.

Bischof Burchard, einer der mächtigsten Bischöfe seiner Zeit, Erbauer des Wormser Doms und Erneuerer der Stadt, erließ zu Beginn des 11. Jh. ein strenges Dekret, das es allen Bischöfen und Kirchendienern zur Pflicht machte, heidnische Kultmale gründlich zu beseitigen:

> „Steine, die sie in Ruinenstätten und Wäldern, von teuflischem Blendwerk getäuscht, verehren, wo sie Gelübde ablegen und einlösen, soll man gänzlich ausgraben und wegschaffen an einen Ort, wo sie nie mehr von ihren Anhängern verehrt werden können."[158]

Bischof Burchard von Worms (965 - 1025)

Wahrscheinlich führten derartige Bestimmungen dazu, dass eine Vielzahl prähistorischer Kulturdenkmäler in Rheinhessen, insbesondere in Worms, zerstört wurden.

<< Bischof Burchard, Skulptur am Südportal des Wormser Doms

KLOSTER MARIA MÜNSTER

Das Siegfriedgrab hat Burchards Erlass scheinbar unbeschadet überstanden. Weshalb aber blieb ausgerechnet dieses offenbar heidnische Relikt, in einem Zentrum kirchlicher Macht, verschont? Zumal man die „aus der Erde ragenden Steine" wunderbar als Baumaterial hätte verwenden können?

Die Geschichte wirkt umso verwunderlicher, da wir von Burchards leiblicher Schwester Mechthildis wissen, dass sie dem Frauenkloster als Äbtissin vorstand. Burchard selbst hatte sie in dieses Amt gedrängt, zu einem Zeitpunkt, als sie noch nicht einmal Nonne war. Der Bischof nahm sich daraufhin fürsorglich des Klosters an. Eine Schenkungsurkunde im Zusammenhang mit Wiederaufbauarbeiten aus dem Jahr 1016 ist auch die erste urkundliche Erwähnung dieses ältesten Wormser Nonnenmünsters.

Im Zuge dieser Wiederaufbauarbeiten entstanden möglicherweise auch die Meinhards- und die Cäcilienkirche südlich des Klosterbezirks, denn bereits Mitte des 11. Jahrhunderts werden „drei Kirchen" im Umfeld des Klosters erwähnt[159].

Im Raum zwischen den beiden Gotteshäusern soll sich das Siegfriedgrab befunden haben.

Der Tumulus wurde demnach nicht beseitigt, sondern von Kirchen geradezu eingeschlossen.

Die spätmittelalterliche Stadtbefestigung verlief entlang des Klosters und bildete beim Tumulus und den ihn umschließenden Kirchen wiederum ihren südlichsten Punkt. Im Gegensatz zur römischen Befestigung lag das Hügelgrab nun innerhalb der Stadtbefestigung.

<< die Markierung unten zeigt die Position des Siegfriedgrabs
(zwischen den beiden Kapellen beim Kloster Maria Münster in der südlichen Vorstadt)
3D-Visualisierung von Worms im Jahr 1521 von Faber Courtial

DIE AUSGRABUNG DURCH KAISER FRIEDRICH III.

Im Morgengrauen des 12. April 1488 stahl sich Kaiser Friedrich III. heimlich davon und ritt unbemerkt und ohne Begleitung hinaus aus der Stadt. Nachdem der Kaiser zurückgekehrt war, gab er die Anweisung „kreuzweise" auf dem St. Meinhards Kirchhof nach den Gebeinen des „Hürnen Seyfrid" graben zu lassen[160].

Das Interesse Friedrich III. ist der erste Hinweis auf das Bekanntsein einer Nibelungentradition in Worms.

Obwohl die Epen zu diesem Zeitpunkt schon seit über einem halben Jahrtausend jene Stadt zum Dreh- und Angelpunkt ihrer Handlungen auserkoren hatten, so schwiegen sich doch die vorangegangen Jahrhunderte bislang darüber aus.

Friedrich III. jedenfalls – so berichtet es uns die Acta Wormatiensia (Chronik der Stadt) – hatte ein großes Interesse an dem Grab des Riesen „hornyn Sifridt". Seine Grabung brachte angeblich auch etliche Knochen zutage, „größer als die eines normalen Menschen", aber die allgemeinen Erwartungen wurden nicht erfüllt[161].

1502 schildert die Kirschgartener Chronik den Vorfall: „Der Kaiser erfuhr von dem berühmt berüchtigten Grab (sepulchrum famosum) des Riesen „Sifridus der Hörnern", woran der Unverstand der Bauern festgehalten hat, weil an jenem Ort auch aufgestellte Zeichen zu sehen waren (signa posita videbantur). Er gab fünf Gulden (genug Geld, um etwa 200 Tagelöhner zu beschäftigen) und ließ graben bis aufs Wasser, ohne überhaupt etwas zu finden."[162]

Der Widerspruch über die Fundergebnisse ist leicht erklärbar. Vermutlich hat die städtische Chronik etwas übertrieben, um in den übergroßen Knochen die Relikte von Seyfrid erkennen zu können, den man sich im Spätmittelalter als Riesen dachte.

Die kirchliche Chronik wiederum konnte eine solche These nicht dulden und verneinte jeglichen Fund. Das ist allerdings ebenso unwahrscheinlich, denn der Ort der Ausgrabungen wurde spätestens seit römischer Zeit als Begräbnisstätte genutzt[163].

Neben dem Widerspruch über die Fundergebnisse können wir dem Text aber auch entnehmen, dass wohl schon eine ältere Sage mit diesem Grabmal in Zusammenhang stand. Was der christliche Chronist als „Unverstand der Bauern" abwertet, ist letztlich die Tradition der mündlichen Überlieferung.

<< Kaiser Friedrich III. (1415-1493), nach einem verlorenen Original von 1468

Leider gibt es keinen Hinweis darauf, wie alt diese Tradition um das seinerzeit schon berühmte Grab war. Vielleicht ist es eine Erfindung des ausgehenden Spätmittelalters gewesen, wie es auch z. B. beim Siegfriedstein nachgewiesen werden konnte[164]. Es ist aber genauso möglich, dass dieses Grab schon zur Zeit des Nibelungenlied-Dichters mit der Sage um Seyfrid bzw. Siegfried verbunden war[165].

SIEGFRIEDS GRABLEGUNG IM NIBELUNGENLIED

Laut Aussage des Nibelungenlieds wurde Siegfried auf dem „Kirchhof bei dem Münster" beigesetzt. Das legendäre Siegfriedgrab befand sich in der Tat auf dem St. Meinhards Kirchhof beim Kloster Maria Münster.

Wenn das Nibelungenlied allerdings vom „Münster" spricht, so ist damit stets der Wormser Dom gemeint. Aber ist das zwingend? Der ortskundige Dichter legt sich hier nicht fest. Wir wissen lediglich, dass die Domgemeinde noch bis ins 18. Jahrhundert Tote auf eben jenem Kirchhof bei St. Meinhard bestatten ließ.

Darüber hinaus lässt sich aus der Beschreibung des Trauerzugs im Nibelungenlied ableiten, dass die zurückzulegende Strecke zur Grablege vermutlich länger war als der Weg vom Dom zu dem unmittelbar benachbarten Domfriedhof.

> „Man ließ ihn aus dem Münster
> zu dem Grabe tragen.
> Da hörte man auch anders
> nichts als Weinen und Klagen."[166]

Hat uns der Dichter hier, wie nachweislich auch an so manch anderer Stelle seines Epos, bewusst im Unklaren gelassen?

Ein weiterer Hinweis liefert uns die Klage, quasi der Epilog des Nibelungenlieds, nach der Kriemhild die Leiche Siegfrieds exhumieren und nach Lorsch bringen ließ. Konnte man ihn deshalb nicht gleich in Lorsch bestatten, weil es eine anders lautende lokale Überlieferung gab?

<<   Titelseite der Nibelungenlied-Handschrift C*

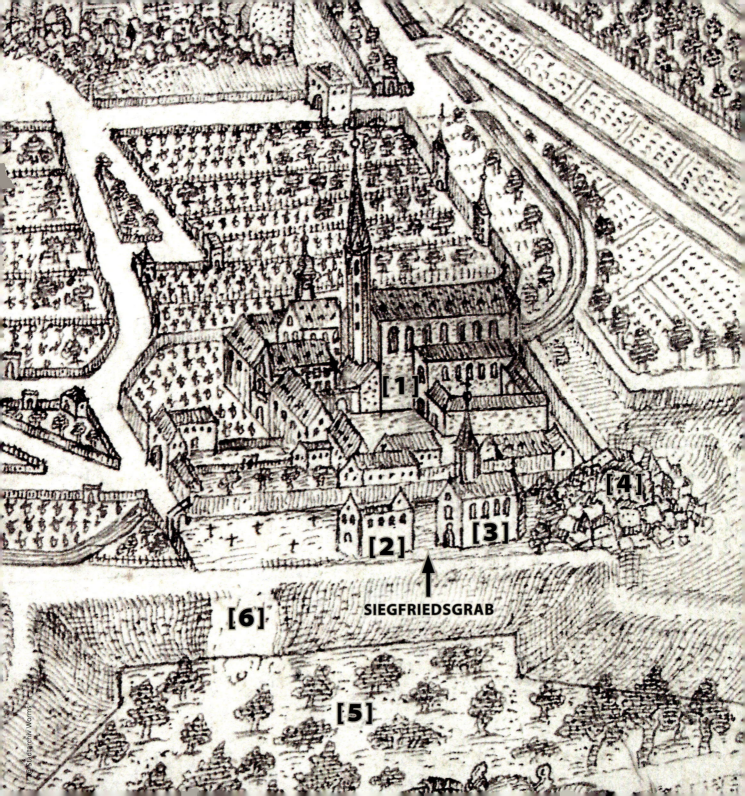
SIEGFRIEDSGRAB

WEITERE BERICHTE ZUM SIEGFRIEDGRAB

Seit der Ausgrabung durch Kaiser Friedrich III. wurde das Siegfriedgrab in der Überlieferung mehrfach erwähnt.

Bis zu dem Zeitpunkt seiner Zerstörung war das Siegfriedgrab ein Ort, zu dem immer wieder die Reisenden hingeführt wurden, um ihnen die Geschichte des Drachentöters, der dort angeblich begraben lag, zu erzählen.

1551 schrieb Gaspar Bruschius Genaueres über das Grab:

„Es befindet sich in dem Raum zwischen den beiden Kirchen und in einem gewissen Abstand von ihnen. Der Tumulus ist mit zwei aus der Erde hervorragenden Steinen bezeichnet und misst die Länge von 47 Fuß".[167]

Im gleichen Zusammenhang erwähnte Bruschius auch das Gedicht vom „Hornin Seyfrid". Dieses „Seyfridlied" ist als Druck aus dem Jahr 1530 erhalten geblieben[168].

1570 berichtete der Stadtchronist Friedrich Zorn von dem Grab und dem archäologischen Interesse Friedrichs III. mit Bezug auf die Kirschgartener Chronik[169].

Marquard Freher schrieb im Jahr 1613 sogar, es sei „das Grab, des in ganz Deutschland besungenen Riesen, der den Ort durch sein Denkmal berühmt gemacht hat"[170].

1632 bestätigte ein gelehrter Reisender die Lokalität des Tumulus (hinter einem Nonnenkloster, zwischen zwei Kapellen), die Menhire, sowie die Länge des Grabs[171].

1689 legten französische Truppen Worms im Zuge des Pfälzischen Erbfolgekriegs in Schutt und Asche. Der Aulturm bei Maria Münster, ein mächtiger Eckturm der

<< Darstellung des Klosters Maria Münster **[1]** mit den vorgelagerten Kirchen St. Cäciliea **[2]** und St. Meinhart **[3]**, zwischen denen sich das Siegfriedgrab befunden haben soll, den Trümmern des 1689 zerstörten Aulturms **[4]**, des Heidenkirchhofs **[5]** und der Stadtbefestigung **[6]**, Zeichnung von Peter Hamman, 1690, Stadtarchiv Worms

Stadtbefestigung, wurde gesprengt. Das Kloster selbst blieb im Andenken an Ludwig den Frommen verschont. Der Tumulus hingegen wurde angeblich zerstört.

Auf der Zeichnung von Hamman (siehe Seite 110) aus dem Jahr 1690 lässt sich kaum ein Grabmal zwischen den beiden genannten Kapellen erkennen. Dennoch erwähnte Salomon Reisel (ein bekannter Wormser Arzt) 1695 den Tumulus bei der Meinhardskirche noch als Sehenswürdigkeit[172].

1744 berichtete die Zeitschrift „Rheinische Antiquarius", dass man bis zum Stadtbrand noch jenes Grab gezeigt hat. Jahre später beschrieb die gleiche Zeitschrift die beiden Steine weiterhin als stehend[173]. Können wir daraus schließen, dass der Tumulus, im Gegensatz zu den Steinen, selbst nicht mehr sichtbar war? Wenn ja, dann haben sich die Steine vermutlich nicht auf dem Grab befunden, sondern standen seperat. Die Ausgräber von 1488 hätten die Steine sicherlich nicht vom Grab entfernt und andernorts neu aufgestellt.

Das Kloster Maria Münster wurde 1802 aufgelöst, 1811 führte man den Friedhof profanen Zwecken zu. Die Klostergebäude dienten in den folgenden Jahrzehnten unter anderem als Hospital und Kaserne und ab 1853 den Heylschen Lederwerken. 1860 existierte noch ein Gebäude des alten Klosters, aber spätestens um 1900 finden sich auf den Karten neue Gebäudestrukturen. Der mutmaßliche Ort des historischen Siegfriedgrabs wurde überbaut.

Heute ist sowohl von dem Kloster als auch von den Bauten der Lederwerke nichts mehr erhalten. An den einstigen Konvent erinnert in Worms nur noch die Maria-Münster-Straße.

1930 erschien die Ausarbeitung und Quellensammlung Eugen Kranzbühlers zu Siegfrieds Grab in dem posthum veröffentlichten Werk „Worms und die Heldensage"[174].

2003 entstand das Siegfriedgrab als Kunstwerk in neuer Form auf dem Torturmplatz beim Nibelungenmuseum.

<< Ursprünglicher Standort des Siegfriedgrabs [1] und Standort des Kunstwerks **SIEGFRIEDS GRAB [2]**

DAS SEYFRIDLIED
DAS LIED VOM HÜRNEN SEYFRID

Das Seyfridlied[175] ist nicht unbedingt ein Highlight der mittelalterlichen Dichtkunst. Der Stil ist eher grob, uneinheitlich und die Geschichte ist in sich auch widersprüchlich. Aber, und das macht dieses Lied so bedeutsam, es ist genau die Version der Sage, die im ausgehenden Mittelalter bekannt war.
Bis zu diesem Zeitpunkt handelte es sich um eine verschwommene Geschichte aus dem Dunkel der Zeit, die durch uns unbekannte „Lieder der Bauern"[176] überliefert wurde. Erst 1530 ist diese Geschichte in Drucken greifbar.

„Hie ficht Seyfrid auff dem Steyn mit dem Trachen"

Lied vom Hürnen Seyfrid, dazugehörig der Holzschnitt links, Tafel XXI, 1527

Wichtig: Obwohl das Seyfridlied knapp 300 Jahre nach dem Nibelungenlied niedergeschrieben wurde, ist es „kein Zeugnis der Nibelungenlied-Rezeption, denn der Text enthält gerade Züge, die in dem Nibelungenlied nicht vorkommen, sondern mit der nordischen Sagengestaltung übereinstimmen"[177].

<< Lied vom Hürnen Sewfrid, Holzschnitt Tafel XXI, 1527

Für das Früh- und Hochmittelalter fehlen uns die Angaben zum Stand der mündlichen Überlieferung. Viele Lieder dieser Zeit sind verschollen und viele Geschichten für immer verloren.

Erst die Chroniken des ausgehenden Spätmittelalters vermitteln uns die Kenntnis einer ganz eigenen Drachentötergeschichte, die möglicherweise über einen langen Zeitraum mündlich weitergegeben wurde. Denn es muss eine Geschichte des Drachentöters vor dem Nibelungenlied gegeben haben, da sich das Nibelungenlied selbst darauf beruft[178].

Darin liegt der besondere Wert des Seyfridlieds, das ich hier etwas ausführlicher zusammenfassen möchte:

Unser Held geht bei einem Schmied in die Lehre[179]. Seyfrid wächst heran und wird unglaublich stark. Er zerschlägt sogar einen Amboss. Da beginnt der Schmied Seyfrids unheimliche Macht zu fürchten. Er schickt ihn in den Wald, in der Hoffnung, der dort lebende Drache würde ihn töten. Seyfrid trifft auch auf den Drachen, tötet ihn kurzerhand und brät ihn, um seinen unbändigen Hunger zu stillen. Dabei stellt er fest, dass die Stellen seiner Haut, die mit dem Drachenblut in Kontakt kommen, unverwundbar werden. Er reibt seinen ganzen Körper mit dem Blut ein. Nur eine Stelle zwischen den Schultern erreicht er nicht. Dort bleibt er verwundbar.

Seyfrid kehrt zurück, erschlägt den verräterischen Schmied und zieht weiter nach Worms. Hier erfährt er, dass ein anderer Drache[180] die Königstochter Krimhild vier Jahre zuvor entführt hat und seitdem gefangen hält.

Mit Hilfe eines Zwergenkönigs gelingt es Seyfrid zwar den Drachenfels zu finden, aber zunächst muss er den Riesen Kuperan bezwingen, denn Kuperan besitzt den Schlüssel zum unterirdischen Verließ und auch das Zauberschwert, mit dem man einzig in der Lage ist, den Drachen zu töten.

Am Ende erschlägt Seyfrid den Riesen, gewinnt Schlüssel sowie Schwert, befreit die Prinzessin und tötet den herankommenden Drachen samt seiner Drachenschar.

Der Zwergenkönig weissagt nun Seyfrid die Zukunft; seinen frühen Tod und den Untergang aller Helden. Um das Unglück abzuwehren, versenkt Seyfrid kurz entschlossen den vom Drachen erworbenen Hort im Rhein.

Manche Versionen des Seyfridlieds geben noch einen stichpunktartigen Ausblick auf die zukünftigen Ereignisse oder weisen auf ein - heute als verschollen geltendes - Lied hin, das die Hochzeit von Seyfrid und Krimhild beschreibt.

Anders als im Nibelungenlied gibt es hier keinen Streit der Königinnen als Auslöser für Seyfrids Tod. Brunhild, oder eine ihr vergleichbare Gestalt, kommt in diesem Lied nicht vor. Nach sieben Jahren wird der Held von seinen Schwägern aus purem Neid ermordet.

Interessant ist das Seyfridlied, weil es die Siegfriedsage in einer Art schildert, die dem Nibelungenlied teilweise unbekannt ist. Andererseits gibt es viele Elemente, die uns nur aus der nordischen Überlieferung bekannt sind (s. u.).

Seyfrids Lehre beim Schmied.   Seyfrid erschlägt den Drachen bei der Linde.

Lediglich die Entführung Krimhilds durch einen Drachen scheint eine völlige Neuerung der Sagengestaltung zu sein. Dieses Element begegnet uns erstmals in der zweiten Hälfte des 14. Jh. im Darmstädter Aventiurenverzeichnis und reicht vermutlich auch nicht viel weiter in der Zeit zurück.

Deutlich spannender hingegen sind die Parallelen zur nordischen Überlieferung, vor allem zum „Lied vom Drachenhort"[181]:

Siegfried wird in beiden Erzählungen von einem Schmied (am Rhein) in die Lehre genommen.

115

In der nordischen Version möchte der Schmied die übermenschlichen Kräfte Siegfrieds nutzen, um sein Vatererbe (den Drachenhort) zu erlangen.

Beim „hürnen Seyfried" will sich der Schmied von Siegfrieds Übermacht befreien und liefert den Unwissenden an den Drachen aus. Der eddische Kampf mit dem Drachen findet im Seyfridlied gleich zweimal statt (Motivwiederholung).

Nach dem ersten Kampf verspeist Seyfried Teile des Drachens, aber nicht, wie in der Edda, im Rahmen eines „Ritus", sondern ganz einfach aus Hunger.

In beiden Versionen versteht er daraufhin die Sprache der Vögel und ihre War-

Seyfrid schmiert sich mit Drachenblut ein.

Ein anderer Drache entführt Krimhilden.

nung vor dem Schmied (altes Motiv), den er im nächsten Schritt erschlägt.

Die Unverwundbarkeit durch eine Hornhaut aus Drachenblut ist ein Motiv, das erstmals im Nibelungenlied auftaucht und im Norden unbekannt ist.

In der Edda folgt die Erweckung der schlafenden Walküre Brunhild. Nur Sigurd/Siegfried ist in der Lage, den Flammenring (die „Waberlohe") zu durchdringen. Sigurd und Brunhild versprechen sich daraufhin die Ehe.

Der „hürnen Seyfried" hingegen macht sich auf den Weg zur Befreiung Krimhilds[182]. Er kämpft das zweite Mal erfolgreich gegen einen Riesen und einen Drachen und gewinnt die Prinzessin, die ebenfalls eingeschlossen ist. Auch hier folgen Eheversprechungen.

Darüber hinaus steht der Horterwerb im Gegensatz zum Nibelungenlied noch deutlich in Zusammenhang mit dem Drachenkampf.

Nun kann man sich fragen, ob die Seyfridsage, so wie sie sich spätestens Mitte des 14. Jahrhunderts geformt hat, bewusst Elemente der nordischen Überlieferung aufgenommen hat oder ob es sich hier um alte Fragmente einer Sage handelt, die ab dem 8./9. Jh. ihren Weg nach Norden angetreten hat?[183]

Es spricht sicher nur wenig dafür, in einem deutschen Lied des 16. Jahrhunderts

Seyfrid kämpft mit dem Riesen Kuperan.

Seyfrid erschlägt noch einen Drachen.

den Ursprung für ein altwestnordisches Lied des 10. Jahrhunderts zu vermuten. Allerdings wird die nordische Sigurdsage am Rhein lokalisiert (siehe Seite 21) und der Name des genannten Schauplatzes „Vernica" in der Thidrekssaga könnte durchaus eine Verballhornung des alten Namens „Varmacia" für Worms sein[184].

Wenn also die wichtigste Heldensage der Normannen am Rhein spielt, sollten sich doch auch in den rheinischen Sagen Anhaltspunkte dafür finden lassen.

Könnte also das Seyfridlied nicht doch aus denselben alten Gesängen entstanden sein, denen auch die nordische Sigurdsage ihren Ursprung verdankt?

LAND-ART

Am 14. Juni 2003 wurde das Land-Art-Projekt **SIEGFRIEDS GRAB** auf dem Torturmplatz im Schatten der historischen Stadtmauer der Öffentlichkeit übergeben.

Die einzigen Angaben über das Aussehen des historischen Siegfriedgrabs beschränken sich auf die Länge der Anlage sowie auf die Erwähnung der „hervorragenden Steine". Die spärliche Überlieferungssituation ließ mir bei der Konzeption des Kunstwerks **SIEGFRIEDS GRAB** sehr große Freiheiten.

Es lag nicht in meiner Absicht, einen prähistorischen Tumulus zu rekonstruieren. Vielmehr war es mein Ziel, eine Mischform verschiedener Kulturstufen und Sagentraditionen zu erschaffen, die sich für den Wormser Raum nachweisen lassen, aber kaum sichtbare Spuren hinterlassen haben.

Die beiden 4,4 m hohen Menhire (Hinkelsteine) verweisen in die Jungstein- bzw. Bronzezeit. Sandstein-Menhire annähernder Größe stehen noch heute bei Rockenhausen und Saulheim, der Gollenstein im nahen Saarland misst sogar knapp 7 Meter. Der 14 Meter lange Grabhügel hingegen steht in engem Zusammenhang mit der Bronze- oder der Hallstattzeit.

Der ursprüngliche Standort des Monuments ist heute Gewerbegebiet und kam für die Errichtung des Kunstwerks nicht in Frage. Der Torturmplatz, in dessen Türmen das Nibelungenmuseum beheimatet ist, bot sich aus vielen Gründen für die Realisierung an. Deshalb hat das Siegfriedgrab als Land-Art dort eine neue Heimat gefunden.

AUSFÜHRUNG & DANK

Dr. Eugen Kranzbühler (in Memoriam) für seine Arbeiten zum sagenhaften Worms.

Dieter Rauh, heute Leiter des Amts für Grünflächen und Gewässer, hat zusammen mit Elke Schäfer die Ausführung geplant und den Tumulus errichtet.

Thomas Schiwek, der mir die Ausstellung im Museum der Stadt Worms im Andreasstift ermöglichte und mir so das Forum bot, meine Projekte vorzustellen.

Gernot Fischer, Oberbürgermeister der Stadt Worms bis 2003, für die Freigabe der Mittel zur Realisierung von **SIEGFRIEDS GRAB**, kurz vor seiner Pensionierung.

Dr. Fritz Reuter, dem ehemaligen Direktor des Stadtarchivs und damaligen Vorsitzenden des Wormser Altertumsvereins für seine Unterstützung und Förderung des Projekts.

Volker Gallé, Initiator der Nibelungen-Festspiele und bis 2021 Vorsitzender der Nibelungenlied-Gesellschaft und Kulturkoordinator der Stadt Worms für seine Erfahrung und seine weisen Ratschläge.

Jürgen Picard vom Sandsteinbruch Carl Picard bei Kaiserslautern, der mit seiner Erfahrung im Umgang mit sehr großen Steinen äußerst hilfreich zur Seite gestanden hat.

Wolfgang Grün, seinerzeit Leiter des Amts für Grünflächen und Gewässer, für sein Engagement bei der Ermöglichung sagenhafter Kunstwerke.

Jeannette Wopperer, bis 2006 Baudezernentin der Stadt Worms, für ihr Interesse und ihre tatkräftige Unterstützung (u. a. auch beim Setzen der Menhire).

Gunther Heiland (in Memoriam), bis 2004 Kulturdezernent der Stadt Worms und bis 2016 im Vorstand der Nibelungenlied-Gesellschaft, für sein unvoreingenommenes Entgegenkommen und auch für seinen Humor.

Florentine Hein, Autorin, hat die Texte der Konzeption für die Buchedition stilistisch aufgewertet und soweit nötig verständlicher gemacht.

Ulrike Schäfer, Redakteurin der Wormser Zeitung, für ihre Artikel zu **SIEGFRIEDS GRAB** und **KRIEMHILDS ROSENGARTEN**.

Prof. Dr. Albrecht Jockenhövel (i. R.) Universitätsprofessor (Seminar für Ur- und Frühgeschichte, Universität Münster) und Prof. Dr. Jens Lüning (i. R.) Universitätsprofessor (Seminar für Vor- und Frühgeschichte, Universität Frankfurt) für ihre Stellungnahmen zum Siegfriedgrab sowie Dr. Rüdiger Schulz, Leiter des Landesamtes für Denkmalpflege Rheinland-Pfalz bis 2004.

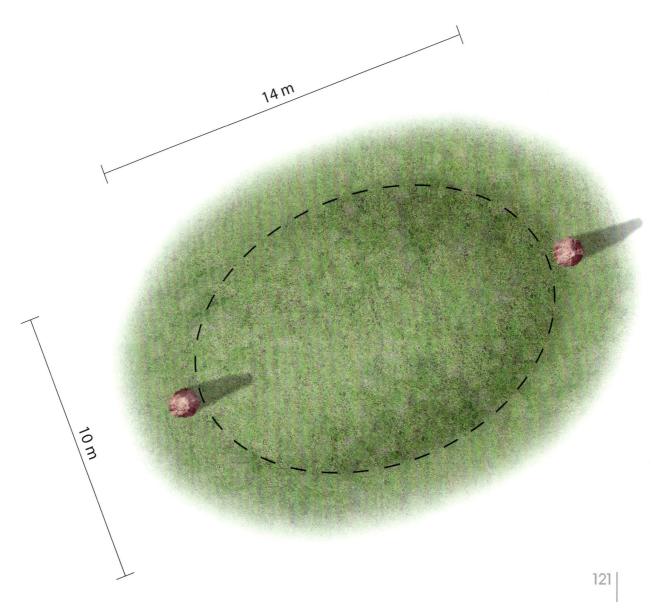

ANHANG

DIE QUELLEN ZU SEYFRIDS GRAB
Chroniken & zeitgenössische Mitteilungen

Acta Wormatiensia
1488

„Darnach in demselben Sommer ward der Romisch konig Maximilian des Kaisers sone gefangen von seinen zu Brugk in Flandern. Da brach unser herr keyser uff und zohe hienabe und schriebe und manet das gantz reich auff ernstlich. Und in dem abziehen lag der keyser ein nacht zu Spire und zwo nacht zu Wormbs, da empfinge man ine aber erlich.

Aber des dritten tags morgens fru erhube sich der keyser, ee man das innen ward, was er zur porten ausz und reit oder ging niemants von rats wegen mit im und viel seiner diener, die alle net darumb wisten und nachzugen.

Auff das male begert der keyser der stadt graben mecher und liesz graben kreutzwyse auff sant Meinharts kirchhoff, ob man gebeyne mocht fynden vom hornyn Sifridt; man grub bisz auff wasser und fand nichts dann einen kopff und etlich gebeyn, die waren grosser dann sust gemein dot menschen haupt und gebeyn."

Cronica civitas Wormatiensis
per monachum quendam Kirsgartensem, 1502

„Anno domini 1488 Fridericus III imperator venit Wormatiam diebus paschalibus (10. April 1488) ... * Item audiens esse sepulchrum famosum cuiusdam gigantis in coemiterio beate Ceciliae vel beati Meynardi, quod est in suburbio versus Spiram, qui gigas dicebatur Sifridus der Hörnen, tenuitque hoc rusticorum stoliditas, quia in loco illo etiam signa posita videbantur.

Voluit imperator ipse hoc experiri, si verum esset, unde vocans ad se dispensatorem suum, quatuor vel quinque dedit florenos, dicens: „Ite ad consulatum et dicite, ut nomine meo faciant fodi in coemiterio illo, ut agnoscam, si vera sit fama illa." Qui accipientes pecuniam ad fodiendum conduxerunt, qui ad locum praefatum venientes usque ad ebullitionem aquae foderunt et nullum signum humani corporis vel ossium ibi invenerunt. Et sic renunciantes imperatori, fictitium illud fuisse narraverunt."

Monasteriorum Germaniae praecipuorum chronologia
liber Gaspar Bruschius, 1551

„Sunt in huius Coenobij (Nonnarum monasterii) uicinia duo sacella non procul a se inuicem dissita, quorum unum S. Meynardo, alterum D. Ceciliae dicatum est. In medio horum Sacellorum et interacente spatio humatus dicitur Corneus Sigfridus, Vangionum urbis Gigas stupendae altiduduinis et roboris admirandi, de quo extat hodie adhuc poema quoddam Germanicum „der hurnen Seyfried" inscriptum. Tumulus duobus e terra prominentibus saxis notatus, ter a me dimensus habet in longitudine pedes quadraginta quinque."

Wormser Chronika
von Friedrich Zorn, 1604

„Anno 1488 ist mit einem großen Volk kaiser Friedrich III um Ostern gen Worms kommen, welcher demnach er viel gehöret von dem hörnin Siefried, welcher zu s. Cecilien oder zu s. Meinrad sein grab haben soll, hat er allda lassen graben bis an die wasserquellen, aber nit ein einige anzeigung eines körpers funden, derohalben ob schon etwas riesen herumgewohnet, ist doch schwertsknopf gedichtet wird."

Origines Palatinae,
liber Marquard Freher, 1613

„Sigefridi cujusdam gigantis … fama ad miraculum increbuit: qui … ibid.em … sepultus … famosum monumento suo locum fecerit. fredericus III imperator… venit wormatiem … de immani isto gigante per totam prope Germaniam decantato, cujus in D. Caeciliae fano sepulchrum vulgo ostenditur."

SEYFRIDS GRAB

von Dr. Fritz Reuter (1998/2003)[185]

Siegfrieds Grab wird in der Sagenüberlieferung nirgendwo eindeutig lokalisiert. Im Nibelungenlied heißt es in der 17. Aventiure nur, dass am Ende der Trauertage und nachdem der Gesang des letzten Gottesdienstes im Münster verhallt war, sich ein Trauerzug mit viel Volk zum Grabe des ermordeten Helden aufmachte.

Für die bisher so gefasste Kriemhild war es fast zu viel. Mit Wasser aus einem Brunnen musste man sie wieder zu Kräften bringen. Noch einmal ließ sie den Sarg öffnen, um das geliebte Antlitz zu küssen. Dann brach sie ohnmächtig zusammen.

Wo aber wurde Siegfried begraben?

Der Dichter des Nibelungenlieds spricht stets vom „Münster", wenn er den Wormser Dom meint. Will man sich an die mittelalterliche Topographie des Dombezirks halten, so liegt es nahe, den südlich neben dem Dom gelegenen Johanniskirchhof mit dem im Nibelungenlied erwähnten Kirchhof gleichzusetzen.
Aber zwingend ist das nicht. Mit den topographischen Angaben im Nibelungenlied sollte vorsichtig umgegangen werden.

Der Dichter, der sich in Worms ausgekannt haben dürfte, dachte womöglich wirklich an einen Ort bei der St. Meinhardskirche, auf deren Friedhof die Domgemeinde noch bis um 1800 Tote bestatten ließ. Heute ist das in etwa der Bereich Klosterstraße/Maria-Münster-Straße.

In historisch und literarisch interessierten Kreisen hielt sich Jahrhunderte lang die Vorstellung, neben dem Kirchhof befinde sich das Grab eines ungewöhnlich großen Menschen, das „Riesengrab". Sollte das etwa Siegfried gewesen sein?
Als Kaiser Friedrich III. 1488 in Worms weilte, wollte er es genau wissen. Auf Kosten der Stadt ließ er nachgraben.
Das widersprüchliche Ergebnis haben zwei Chronisten aus der Zeit um 1500

überliefert. Der Stadtschreiber Adam von Schwechenheim hielt fest, dass angeblich ein Kopf und etliche Gebeine gefunden worden seien. Der Mönch von Kirschgarten hingegen schrieb in seine Chronik, man habe nichts gefunden.

Sagenhafte Malereien und Riesenknochen

Tatsächlich ist in Worms die lokale Überlieferung nicht vom Nibelungenlied ausgegangen. Sie schließt mancherlei Nibelungensagen ein.
1493 ließ der Rat der Stadt die Fassade der „Münze" am Marktplatz, durch den Maler Nicolaus Nivergalt ausmalen. Nivergalt schmückte die Schaufront nach einem zeitgenössischen Bericht mit „kaiserlicher majestät, helden und andern würmern und bildern".

In dem Bogengang, der die Gebäudeteile verband, wurden Knochen eines Riesen sowie eine lange Holzstange als Waffe desselben dem staunenden Publikum dargeboten. Der Riese: damit war zweifellos Siegfried gemeint.

Der Wormser Chronist Friedrich Zorn stand im späten 16. Jahrhundert alledem distanziert gegenüber. Die alten deutschen Poeten hätten viel von dem „schönen lustigen Rosengarten und Weingau oder Fruchtgau – dem Wonnegau – gedichtet, welches zum theil wahr, aber also verdunkelt, daß der, so es verstehen soll, in deutschen historiis wohl belesen sein muß, zum theil aber lauter mährlein." Kein Zweifel, dass er das auch auf Siegfrieds Grab bezog.

Eugen Kranzbühler (1870-1928), Provinzialdirektor und Kunsthistoriker, hat alle Angaben über das Siegfriedgrab zusammengetragen.
Die Früchte dieser Arbeit ließ Friedrich Maria Illert 1930 posthum drucken: „Worms und die Heldensage". Darin wird neben den sagenhaften Überlieferungen auch die lange Tradition der Annäherung an geheimnisumwitterte Mythen erkennbar.

ANMERKUNGEN

1 Alle Reichstagsstädte bzw. Städte mit mehr als einem Aufenthalt. Die Größe der Markierung/Bedeutung ergibt sich aus der Summe der Aufenthalte und Reichstage. Die wichtigsten Städte im Detail: Aufenthalte [A] und Reichsversammlungen [R] von Karl dem Großen: Worms A16/R8, Aachen A20/R4, Regensburg A4/R1, Frankfurt A1/R1, Mainz A6/R3, Paderborn A7/R5 (Itinerar nach den Regesta Imperii). Aufenthalte [A] und Reichsversammlungen (Hoftage) [R] von Friedrich Barbarossa: Worms A18/R13, Aachen A7/R4, Regensburg A16/R12, Würzburg A17/R12, Nürnberg A14/R10, Ulm A14/R9, Frankfurt A12/R7, Mainz A5/R5, Goslar A11/R7, Bamberg A7/R7, Erfurt A11/R3, Augsburg A10/R3, Konstanz A6/R6, Straßburg A7/R5, Hagenau A9/R3, Köln A9/R3, Speyer A10/R2 (Itinerar nach „Die Zeit der Staufer" Katalog der Ausstellung - Band IV, Württembergisches Landesmuseum Stuttgart, 1977).

2 Der Mythos ist eine Erzählung, welche in der Götterwelt spielt, bzw. in der Götter vorwiegend als Handelnde auftreten. / a) Schröder, F. R., Mythos und Heldensage, Leipzig 1923: Die Geschichte gilt als wahrhaftig, heilig und vorbildlich, sie ist deshalb im kultischen Bereich wiederholbar. Durch die rituelle Nachahmung des ursprünglichen Mythos identifiziert sich der Mensch mit dem Göttlichen und wird so zum Heros, d.h. zum „Gott einer jüngeren Generation" / b) Eliade, M., Mythen, Träume und Mysterien, dt. Üb. Salzburg 1961: Der Mythos ist untrennbar mit dem Kult verbunden, der ihn lebendig hält / c) Reichert, H., Nibelungenlied und Nibelungensage, Wien 1985.

3 Nibelungenlied, übertragen von Grosse, Siegfried, mhd/nhd, Stuttgart 2003 (St. Gallener Handschrift B*). Insgesamt sind 35 Handschriften / Handschriftenfragmente des Nibelungenlieds überliefert, die ursprüngliche Handschrift existiert jedoch nicht mehr.

4 Die Erweiterung der rheinseitigen Wormser Stadtmauer um 1200 wurde mit Mitteln aus der Lösegeldsumme von Richard Löwenherz finanziert. Heute zeugt von diesem Teil der Stadtmauer noch das Ensemble am Torturmplatz, in dessen Mauern sich das Nibelungenmuseum befindet.

5 Nibelungenlied, ibid. 3 (B* 87-99). Siegfried bekommt von den Königssöhnen Schilbung und Nibelung ein Schwert (Balmung), um ihnen bei der gerechten Verteilung des Vatererbes behilflich zu sein. Nachdem Siegfried dies nicht gelingt, erschlägt er die beiden Thronanwärter und unterwirft sich selbst das nebulöse Reich der Nibelungen.

6 zitiert nach Simrock (der schönen Sprache zuliebe): Karl Simrock, Das Nibelungenlied, Stuttgart, 1867

7 Nibelungenlied, ibid. 3, (B* 902). Im Zusammenhang mit dem Verrat an Siegfried erfahren wir noch von dem Lindenblatt.

8 Die Edda, übertragen von Genzmer, F., Stuttgart 1994

9 Zusammengefasst aus: Edda, ibid. 8: Lied vom Drachenhort (38), Die Vogelweissagung (39), Die Erweckung der Walküre (40)

10 Reichert, ibid. 2c

11 Schulze, U., Das Nibelungenlied, Stuttgart 1997

12 Belege dafür ließen sich im gesamten deutschen Sprachraum sammeln, hier sollen Beispiele aus Worms genügen: Das Grab des hürnen Seyfrid und die „bäuerliche Tradition", 1488; Die Malereien des Nicolaus Nivergalt am Haus zur Münze, 1493 (vgl. Zeichnung von Peter Hamman,1689; Stadtarchiv Worms); Das öffentliche Vortragen eines Seyfridlieds durch die Meistersinger, 1616 (angeblich ein alter Brauch); sowie Reiseberichte und Chroniken dieser Zeit. Die Erinnerung an das Nibelungenlied fehlt gänzlich. (Kranzbühler, E., Worms und die Heldensage, Worms 1930)

13 Hürnen Seyfrid, übertragen von Wolfgang Golther, Halle 1889

14 Der hürnen Siegfried, übertragen von Guido Goerres, Leipzig 1842. Neben der expliziten Angabe des Rosengartens als Ort der Hochzeit (die in anderen Versionen fehlt), gibt der Dichter auch eine Beschreibung von ihm (analog zum Rosengartenlied): „Rosengarten überm Rhein, Wiesen ganz voll Sonnenschein, Bächlein klar, Hirsch und Rehe, Paar und Paar, Lauben viel voll Saitenspiel, Lindengang voll Vogelsang, rings von Seid ein Faden fein, schließt den Rosengarten ein. Hüter ist manch kühner Held, bey der Linde breitem Zelt."

15 „Der hürnen Siegfried" (ibid. 14) ist eine Lokalversion des Seyfridlieds (ibid. 13) und gibt uns neben einer Beschreibung des Rosengartens auch eine interessante Information zur darin abgehaltenen Hochzeit (vgl. Anm. 14). Möglicherweise ist dies ein Hinweis auf das verlorengegangene Hochzeitlied.

16 a) Edda, ibid. 8 (38.12) „Fafnir ... verwandelte sich in einen Lindwurm", b) Das Lied vom hürnen Seyfrid, ibid. 13 (22. Av) „an eynem ostertage ward der trach zu eynem man", c) Die Völsungensaga, Sammlung Thule, Bd. 21, Jena 1923 (14. Av.) „Er (Fafnir) ward dann zu einem ... Wurme", d) Die Thidreksaga, Sammlung Thule, Bd. 26, Jena 1924 (13. Av.) „Der war stark, aber bösartig ... dass er (Regin) ein Drache wurde", e) König Lindwurm, Aarne/Thompson, The types of folktale, Helsinki 1961 (433 A, B: als Märchenmotiv)

17 a) Edda, ibid. 8 (38-40) Drachenhortlied und Erweckung der Walküre; b) Völsungensaga, ibid. 16c (8+9) Sigurd, der Drachentöter und Brynhilds Erweckung; c) Thidreksaga, ibid. 16d (16+18) Sigurds Drachenkampf sowie Sigurd und Brynhild; d) Das Lied vom hürnen Seyfrid, ibid. 13 (Strophe 129-152); als Märchenmotiv: e) Brüder Grimm, Kinder- und Hausmärchen, München 1819 (KHM Nr. 60) „Die zwei Brüder". Das Schema (der Kampf gegen das Ungeheuer und die „Befreiung" der Jungfrau) behält seine Gültigkeit für die gesamte indoeuropäische Kulturgruppe.

18 z. B. a) Das Rosengartenlied, übertragen von Hermann August Junghans, Leipzig 1876 und b) der Waltharius, Erstübersetzung von Joseph Victor von Scheffel, Frankfurt 1855, hier verwendete Übertragung von Gregor Vogt Spira, Stuttgart 1994.

19 Symbolisch betrachtet haben wir es bei dem Zwölfkampf vermutlich mit einem Jahreszeitendrama zu tun, wobei die einzelnen Kämpfer jeweils einen Mondmonat repräsentieren. Der Zwölfkampf ist schwerlich christlich zu interpretieren. Es gibt zwar eine Legende, die von der Befreiung der „im Weltlabyrinth verirrten Braut Christi" aus der Macht des Teufels handelt (in Altarmalereien des Lukas Kranach dargestellt), doch das Motiv ist vorchristlich, es findet sich z. B. in der Odyssee von Homer (Odysseus und seine 12 Gefährten bei dem Zyklopen) im 8. Jh. v. Chr. Auch hier bildet ein indoeuropäischer Mythos die Grundlage (die Zwölf gegen den übermächtigen Dämon, Teufel, Drachen), der wiederum in engem Zusammenhang mit der Sigurd/Siegfriedsage und gewissen Labyrinthspielen steht. Bereits im antiken Rom wurde das sog. Trojaspiel gepflegt, ein von vermutlich

zwölf Männern in labyrinthischen Bahnen abgehaltener Waffentanz, der selbst im spätmittelalterlichen England in genau der gleichen Weise von zwölf sog. Trojanern zelebriert wurde (mehrfache Erwähnung bei Shakespeare). Auf die Bedeutung dieser Tänze wird noch einzugehen sein.

20 a) Waltharius, ibid. 18b (Walther kämpft gegen 12 Wormser Helden), b) Beowulf, übertragen von Bodo von Petersdorf, Wien 1984 (Der König stirbt im Kampf mit dem Drachen, weil seine zwölf Gefolgsleute fliehen.) Zwölfkampf auch im übertragenen Sinne z. B. im c) Laurin, (von Petersdorf, ibid. 25b) oder auch im Nibelungenlied, ibid. 3, durch die Tarnkappe. Als Märchenmotiv weit verbreitet.

21 Zwölf gegen zwölf bezieht sich in erster Linie auf das Rosengartenlied (siehe ab Seite 37), begegnet uns aber auch schon im Nibelungenlied (B* 64ff), wenn Siegfried mit 12 seiner Männer zum Kampf an den Wormser Hof zieht.

22 z. B. a) Thidreksaga, ibid. 16d (17) Nach dem Drachenkampf fliehen die 12 Schmiedegesellen vor Siegfried; Nibelungenlied, ibid. 3, (B* 94) Siegfried kämpft gegen 12 Helden, die stark wie Riesen waren, im Anschluss wird der Drachenkampf erwähnt (B* 100); oder b) Wolfdietrich, übertragen von Simrock, K., Stuttgart 1894: Wolfdietrich verliert seine 12 Gefährten, besteht aber dennoch den Drachenkampf.

23 Den bruchstückhaften Inhalt des alten Sigurdlieds (Edda 33), sowie der Erweckung der Walküre (Edda 40) können wir mit Hilfe der Völsungensaga (VS 21f) und des Skirnirlieds (Edda 8) erschließen.

24 lt. einer anderen Quelle soll Odin den Rosengarten bei Worms angelegt haben (Dumbeck, Fr. J., geographia pagorum, 1818; vgl. Kranzbühler, ibid. 12).

25 Grimm, ibid. 17e, KHM 50

26 von Perger, K.R., Deutsche Pflanzensagen, Stuttgart 1864

27 „Der Linde Feind" ist eine sog. Kenning (Metapher) für das Feuer der Waberlohe. Kenningar sind Mythen in gedrängter Form; sie setzen beim Hörer die Kenntnis der zugrunde liegenden Erzählung voraus und vermitteln ihm dadurch noch andere Bedeutungsebenen. Vgl. de Vries, ibid. 85d

28 Kralik, D., Siegfriedtrilogie, Wien 1963

29 a) Mone, Fr. J., Untersuchungen zur Geschichte der deutschen Heldensage, Karlsruhe 1835; b) Simrock, ibid. 41. Andere vermuten hinter dem Motiv des Schlafdorns (bzw. der Spindel bei Dornröschen, des vergifteten Apfels bei Schneewittchen) den sog. Schlafapfel (bedeguar), ein moosartig stacheliger Auswuchs an wilden Rosensträuchern, der im Volksglauben als traumfördernd galt.

30 Ranke, K., Enzyklopädie des Märchens, Berlin 1981

31 Der Spindel begegnen wir (nach Simrock, ibid. 41) wieder bei der Legende von Ursula und den 11.000 Jungfrauen, die sich (unter Berücksichtigung der Tradierungsfehler) auf Spinosa (die Dornige) mit den elf Jungfrauen reduzieren lässt.

32 Le roman de Perceforest, übertragen von Lods, J., Genf/Lille 1951

33 Krause, E., Die Trojaburgen Nordeuropas, Glogau 1893, Krause stellt Troilus in unmittelbaren Zusammenhang mit den Trojalabyrinthen.

34 Die Brüder Grimm mutmaßten, ob die Rosenhecke und der Flammenwall (Waberlohe) ein Bild der Morgenröte darstellen könnte. Grimm, W., Nibelungenkolleg; bearbeitet und neu herausgegeben von Ebel, E., Kassel 1985

35 Panzer, F., Merlin und Seifrid de Ardemont von Albrecht v. Scharfenberg, Stuttgart 1902

36 Hürnen Seyfrid, ibid. 13

37 In der Goerres Version des Seyfridlieds (Hürnen Siegfried, ibid. 14) sticht sich Kriemhild selbst während ihrer Hochzeit mit Seyfrid im Rosengarten an einem Dorn: „Und ein Weib mit bleicher Wange, finster schauend, wie die Schlange: reicht der Braut (Krimhilden) drey Röselein; nimm, die süßeste ist dein! Wehe Braut! Nun hüte dich, weh! Sie nimmt, ein Dornenstich netzt die weißen Finger gleich, Braut, wie wirst du also bleich! Braut, wie wirst du also rot!"

38 Saintyves, P., La belle au bois dormant, in: Les contes de Perrault, Paris 1923

39 Das Rosengartenlied, ibid. 18a

40 Gemeint ist die Seyfridsage (m. E. die Sigurdsage). Der Drachenkampf als Voraussetzung für die Befreiung bzw. Erlösung der Jungfrau.

41 Soweit die Quellenlage dies zulässt, vgl. Simrock, K., Handbuch der deutschen Mythologie, Bonn 1887. Die neuere Literatur ist dahingehend noch zu überprüfen, ebenfalls sehr bekannt war die (seinerzeit nicht verschriftlichte) Seyfridsage.

42 In einer ursprünglichen Version starb Siegfried möglicherweise im Rosengarten, siehe Goerres, ibid. 14 (später Hinweis)

43 Dietrich von Bern (eine überaus sagenhafte Reminiszenz an Theoderich den Großen) gilt neben Siegfried als die andere große deutsche Sagengestalt. Seine Abenteuer sind in der Thidreksaga, ibid. 16d, zusammengefasst. Der Dichter des Rosengartenlieds lässt die beiden Helden in seinem Epos gegeneinander antreten.

44 Die Trennung des Heiligen vom Profanen, vgl. Eliade, ibid. 2b). Ähnlich der seidene Faden um Laurins Rosengarten, Laurin, ibid. 25c

45 lt. einer anderen Quelle soll Odin den Rosengarten bei Worms angelegt haben (Dumbeck, Fr. J., geographia pagorum, 1818; vgl. Kranzbühler, ibid. 12)

46 Laurin, ibid. 20c

47 Die Geschichte handelt von der Befreiung Kunhilds, die unfreiwillig zur Königin der Zwerge wurde (die Königin der Zwerge kennen wir aus Schneewittchen, welches auch zu dem Märchentyp „Sleaping Beauty" gehört, indem die Erweckungssage anklingt). Der siegreiche Held ist, wie im Wormser Pendant, Dietrich von Bern. Für Dietrich gilt es hier aber die Prinzessin zu befreien und nicht, wie in Worms, sie zu erobern (wobei man bedenken sollte, dass gerade diese beiden Begriffe oftmals für ein und dieselbe Tat benutzt werden - je nach Sichtweise des Betrachters).

48 Waltharius, ibid. 18b

49 Manchmal sind es nicht 12 Ritter, Riesen, Schmiede oder Götter, die im Kampf antreten, sondern 13.

50 Waltharius, ibid. 18b (1156) „undique praelisis spinis simul et paliuris"

51 Waltharius, ibid. 18b (1351) „O paliure, vires foliis, ut pungere possis" / „Hagedorn mit den grünen Blättern"

52 Waltharius, ibid. 18b (1421) „hagano spinosus" / „dorniger Hagen"

53 Grimm, J., Deutsche Mythologie, Berlin 1878, ebenso Hagano, Haki, Hacco etc.

54 Grimm, ibid. 53 „hagan paliurus, ligna spinosa"

55 oder auch Rosenhag, so Perger, ibid. 26

56 Attila wird im Nibelungenlied zu Etzel, in der nordischen Überlieferung zu Atli, seine germanische Braut Ildico (wohl Hilde), wird im Nibelungenlied zu Kriemhild. In der Hochzeitsnacht stirbt Attila vermutlich an einem Blutsturz. Es verbreitet sich aber sehr schnell die Sage, dass die Germanin Ildico Attila ermordete, weil er für den Tod ihrer Brüder verantwortlich war. So berichtet es uns auch die Edda und die Völsungensaga.

57 Der Waltharius ist eine Heldendichtung in lateinischer Sprache. Dem Dichter dürfte ein mündlich überliefertes Waltherlied als Quelle gedient haben, das er in seinem Text persifliert. Teile der Sage sind auch im altenglischen „Waldere", zumindest fragmentarisch, erhalten.

58 Beowulf ist ein angelsächsisches Heldenepos, dessen (fiktive) Handlung um 600 n. Chr. in Skandinavien anzusiedeln ist. Die Sage gelangte vermutlich zusammen mit den Angeln nach England, die ab dem 5. Jh. die Insel besiedelten.

59 Als Edda werden zwei verschiedene, in altisländischer Sprache verfasste literarische Werke bezeichnet. Beide wurden im 13. Jahrhundert im christianisierten Island niedergeschrieben und behandeln skandinavische Götter- und Heldensagen. Trotz dieser Gemeinsamkeiten unterscheiden sie sich ihrem Ursprung nach und im literarischen Charakter (Rudolf Simek: Die Edda, München 2007). Die Snorra-Edda verfasste Snorri Sturluson um 1220 für den norwegischen König. Sie enthält alte Liedfragmente und Anweisungen für Skalden (Dichter), die bekanntere - und für diese Arbeit maßgebliche - Liederedda zitiert Snorri teilweise wörtlich, überliefert aber die Lieder vollständig. Die Liederedda wird vermutlich erst um 1270 niedergeschrieben.

60 „Der Rosengarten lässt sich nicht anhand der Überlieferung datieren, indem keine Handschrift ins 13. Jahrhundert zurückreicht. Das Gedicht hat viele Figuren mit der Dietrichepik gemeinsam, aber die textgenealogische Beziehung ist unklar. Die Thidrekssaga scheint allerdings direkt oder indirekt vom Rosengarten beeinflusst zu sein, denn eine Entlehnung in umgekehrter Richtung kommt kaum in Frage. Der Rosengarten dürfte also schon in der ersten Hälfte des 13. Jahrhunderts entstanden sein und kann sogar älter als die isländischen Ausformungen der Sage sein." Peter Andersen, Gottfried-Portal, www.gottfried.unistra.fr

61 Brunhildisbett als Bezeichnung für den Gipfel des Feldbergs im Taunus belegt die Kenntnis der Erweckungssage, die sonst nur aus der Edda überliefert wird, bereits zu einem frühen Zeitpunkt für Deutschland, siehe Seite 35.

62 Wie z. B. die Stadt Xanten am Niederrhein, ursprünglich colonia traiana, später als Klein Troja bezeichnet. Im Mittelalter irrtümlich mit der Sage von der trojanischen Abstammung (d. i. das Troja des Homer) in Verbindung gebracht.

63 Krause, ibid. 33

64 Schröder, ibid. 2a

65 Höfler, O., Siegfried, Arminius und die Symbolik, Heidelberg 1961

66 Vgl. a) Krause, ibid. 33.

67 Hallmann, F., Das Rätsel der Labyrinthe, Ardagger 1994. Hallmann stellt auch das Wort „Druiden" in diese Reihe.

68 Die Erzählung reflektiert die Ausbreitung des dorischen Kultes von Kreta auf das griechische Festland. Vor dem 4. Jh. bilden die Münzen einen einfachen Mäander ab (vermutlich als Labyrinthsymbol).

69 Eine Wandzeichnung aus Pompeji gibt z. B. eine Darstellung des Labyrinths wieder mit dem Text „hic habitat Minotaurus".

70 Krause, ibid. 33, hatte diese Meinung Ende des 19. Jh. vertreten. Aufgrund des hohen Alters der Funde im Mittelmeerraum (s.o.) wird Krauses These heute abgelehnt.

71 Tontäfelchen aus neubabylonischer Zeit. Die Abbildung wird durch eine Beischrift als die Eingeweide von Opfertieren ausgegeben, mit deren Hilfe geweissagt wurde. Ähnliche Beispiele kennen wir aus Assyrien. Hunke, Waltraud. Die Trojaburgen und ihre Bedeutung, Dissertation, Ludwig-Maximilians-Universität, München 1940

72 z. B. das Siegel der sechsten Dynastie (Ende der Pyramidenzeit, etwa 2300 v. Chr.), Hieroglyphe für Königspalast und Totentempel; Hunke, ibid. 71

73 Pfad- bzw. Rasenlabyrinth. In Steigra wurde es noch bis vor 80 Jahren alljährlich von den Konfirmanden aus dem Rasen gestochen. Das Labyrinth ist demzufolge immer so alt wie das Brauchtum selbst an diesem Ort.

74 Waltraud Hunke in: „Die Trojaburgen und ihre Bedeutung", Dissertation, ibid. 71

75 Die erste Festbeschreibung stammt aus dem Jahr 1784; Hunke, ibid. 71

76 Das älteste Kirchenlabyrinth des Trojatyps befand sich in der Basilika von Orléansville (325 n. Chr.) mit der Aufschrift „sancta ecclesia" (!) und u. U. in Algier (ebenso frühes 4. Jh.). Das einzig bekannte deutsche Kirchenlabyrinth wurde in St. Severin in Köln angelegt und gehört heute zum Bestand des Diözesanmuseums. In Frankreich trifft/ traf man sie hingegen sehr häufig in mittelalterlichen Kathedralen an, Sens, Chartres, Arras, Poitiers, St. Omer, Amiens, St. Quentin, Bayeux, Reims, Auxerre, Pont l`Abbé etc.). Ebenso, aber mit kleinerem Durchmesser, findet man sie in Italien (Ravenna (6. Jh.), Rom, Piacenza, Lucca, Aquiro, Trastevere), aber auch z. B. in Finnland (St. Marie, Sibbo, Perna, Räntmaki). Vgl. Krause, ibid. 33 und Hunke, ibid. 71; die Aufzählung erhebt keinesfalls Anspruch auf Vollständigkeit.

77 Labyrinthe in Handschriften und Büchern wurden anscheinend besonders häufig im deutschsprachigen Raum hinzugefügt. Sie dienen seit dem 9. Jh. zur Illustration moralisierender Texte. Vgl. Krause, ibid. 33

78 Die Nachricht stammt aus dem Jahr 1333, alleine im ehemaligen preußischen Gebiet befinden sich 16 solcher „Jerusalemshügel" jeweils in der Nähe von Kreuzritterburgen (Georgenbruderschaft und Round Tabil, nachmals Hosenband Orden); Hunke, ibid. 71

79 Höfler, ibid. 65

80 Hunke, ibid. 71

81 Die färöischen Sigurdlieder gehen auf mittelalterliche Balladen zurück, es handelt sich dabei um einen eigenständigen dreiteiligen Zyklus („Reginn, der Schmied", „Brynhilds Lied", „Høgnes Lied") mit insgesamt 1482 Strophen, der grob den isländischen Sigurdliedern der Edda folgt, aber auch Elemente der Völsungensaga aufnimmt, wie z. B. Aslaug, die sonst unbekannte Tochter von Sigurd und Brynhild. Die Lieder stammen vermutlich aus dem 14. Jahrhundert, basieren aber auf älteren Volksballaden. Sie wurden erstmals 1851 in Neufäröisch aufgezeichnet.

82 Der färöische Kettentanz wird auf von einem oder mehreren Vorsängern vorgetragenen alten Balladen in verschlungenen Reigen getanzt. Am Ende eines jeden Verses stimmen alle Mittänzer in den Gesang mit ein. „Getanzt wird in ununterbrochenen Ketten, und jeder, der daran teilnimmt, bewegt sich mit und ist mal im äußersten Kreis und mal in der Mitte. Die Tanzenden passieren alle einander von Angesicht zu Angesicht und treffen sich zweimal pro Rundgang. Die Melodien der Lieder werden von einem sehr festen einförmigen Stampfen der Füße begleitet." (aus Wikipedia „Färöischer Kettentanz", gesehen am 22.01.2021). Die getanzten Reigen erinnern auf überaus deutliche Weise an die Bahnen des klassischen Labyrinths.

83 Auch Plinius berichtete in seiner Historia naturalis Liber XXXVI, 12, 19 von Boden-Labyrinthen in ländlichen Gebieten Italiens

84 Georg Rosen, Bulgarische Volksdichtungen, Leipzig 1879

85 a) Krause, ibid. 33; b) Höfler, ibid. 65; c) Hallmann, ibid. 67; etc.; d) de Vries, J., Altgermanistische Religionsgeschichte I, Berlin 1956 (Er nimmt eine Mischform von Toten- und Fruchtbarkeitskult an), dagegen e) Hunke, ibid. 71 (Sie nimmt einen chthonischen Kult an, die Trojaburg wäre demnach ein Zugang in „l´autre monde").

86 Hallmann, ibid. 67. Bei der Osterpilota von Auxerre tanzten die Kanoniker vor der Vesper zu Orgelspiel und Gesang in dem Labyrinth herum und warfen sich Bälle dabei zu; Hunke, ibid. 71

87 Der Wächter tritt am häufigsten in Verkörperung des Drachen auf, ist aber auch als Ungeheuer in jeder Form denkbar (Teufel, Minotaurus, Pythonschlange etc.), je nach Überlieferung können es auch Personen sein (vgl. Zwölfkampfdichtungen, Anm. 24).

88 „Der Hierós Gámos (griech., „Heilige Hochzeit") ist die Hochzeit zwischen dem Himmelsgott und der Erdmutter, deren Vereinigung die Neubelebung der Fruchtbarkeit der Natur bewirkt. Bei den Germanen ist er in bronzezeitlichen Felszeichnungen eindeutig belegt, lässt sich aber auch in den uns erhaltenen Mythen wiederholt nachweisen." (Simek, R., Lexikon der germanischen Mythologie, Stuttgart 1984). In der Nibelungensage wird diese Hochzeit oft symbolisch (durch den Kuss) dargestellt, in der Völsungensaga zeugen Sigurd und Brynhild hingegen eine Tochter namens Aslaug, dieser Zug ist aber vermutlich nicht sagenecht.

89 Vgl. Höfler, O., Verwandlungskulte, Volkssagen und Mythen, Wien 1973, sowie Höfler, ibid. 65

90 Hürnen Siegfried, ibid. 19 (179); s.o. / sowie Kranzbühler, ibid. 12

91 von Hildendorff, G., Plauderei über Rosen, Frankfurt am Main 1955

92 Der Kampfplatz des Rosengartenlieds ist ebenso wie der Wiesengang linksrheinisch gedacht. Der Rosengarten

als Gewannname wurde erstmals 1422 urkundlich erwähnt (damals wie heute rechtsrheinisch). Weitere Einzelheiten hierzu bei Kranzbühler, ibid. 12

93 Becker, A., Beiträge zur Geschichte der Frei- und Reichsstadt Worms, Worms 1880. Der älteste Hinweis auf das Fest stammt aus dem Jahr 1540 (1650).

94 Zelt, an anderer Stelle wird die Laube genannt (vgl. Anm. 19). Kranzbühler, ibid. 12, denkt dabei an die „loubwise" (Laubwiese), den Verkündigungsort des „Wormser Konkordats" 1122.

95 May: Ein Mayen oder ein Palmen sind kleine Gebinde von immergrünen bzw. gerade blühenden Pflanzen.

96 In Reliktgebieten werden dabei noch oft Drachenkampfspiele sowie eigentümliche Reigen- und Waffentänze abgehalten. Vor allem in den slawischen Ländern hat sich diese Tradition bewahrt, wo noch bis in unsere Zeit am Georgstag (23. April) der siegreiche Drachenkampf und die damit verbundene Jungfernbefreiung des Heiligen feierlich begangen wird.

97 Schon bei Vergils Bericht über das Trojaspiel im antiken Rom sind es junge Männer, die das Spiel in labyrinthischen Bahnen vollziehen (vermutlich durch einen zu Grunde liegenden Initiationsritus bedingt). Man denke auch an die Konfirmanden in Steigra oder an die Söhne Barbarossas.

98 Krause, ibid. 33. Ei und Mayen sind austauschbare Fruchtbarkeitssymbole; vergleichbar mit dem Kelch aus Stolp.

99 Friedrich Barbarossa schlägt seine Söhne zu Pfingsten 1184 in eben dieser Wurmlage zu Rittern (Die Schwertleite entspricht einer Initiationsweihe). Auch hier findet das Kreisreiten statt.

100 Krause, ibid. 33 / Anm.: Das Namenselement -lage geht auf Ług /Wiesenland zurück.

101 Mone, ibid. 29a

102 Krause, ibid. 33

103 Die Beschreibung stammt aus dem frühen 19. Jh., z. T. wiedergegeben bei Höfler, ibid. 65

104 Gregoire, H., Byzantion 9, 1934

105 Kralik, ibid. 28

106 Höfler, ibid. 65

107 Sigurðr Hjortr ist ein angeblicher Nachfahre von Sigurd Fafnisbani, d. i. der Fafnirbezwinger, also im übertragenen Sinne Siegfried der Drachentöter.

108 Nibelungenlied (B* 916-1001), die Zusammenhänge zum „Hirschspiel" sind vielfältig, würden aber den hier gesteckten Rahmen sprengen.

109 Typisch für Deutschland sind auch die so genannten Apostellinden. Um sie zu erhalten, wurde ein gekappter Baum auf zwölf Hauptäste gezogen, die man dann nach den 12 Aposteln benannte (Doris Laudert, Mythos Baum, 2003).

110 Die heiligen „Freya-Linden" waren zumeist Sommerlinden und galten den Germanen als Sitz der guten Geister

(...). Die alten Statuen der Gerichts- und „Freya-Linden" wurden zerstört und durch Marienbilder ersetzt. So wurden aus den alten „Freya-Linden" „Maria-Linden". www.uni-goettingen.de/de/mythologie/41688.html, gesehen am 3.1.2021, Wissenschaftliche Leitung: Prof. Dr. Andrea Polle

111 Grimm, ibid. 53

112 „Im Mittelalter fand das Gericht häufig im Schutz des Baumes statt, bestand doch die Pflicht, das Gericht unter freiem Himmel abzuhalten (…). Die zum Schutz der Gerichtsstätten gepflanzten Einzelbäume oder Baumgruppen waren der Häufigkeit nach Linden, Ulmen, Eichen, Fichten und Eschen. Deutlich dominierte die Linde, welcher der Aberglaube besondere vielfältige u. starke magische Wirkungen zuschrieb. (...) Die enge Verbindung von Linde und Gericht kommt in einigen Gegenden Dtld.s auch darin zum Ausdruck, dass das Wort Linde synonym für Gericht gebraucht wird." – Heiner Lück: Gerichtsstätten. In: Handwörterbuch zur deutschen Rechtsgeschichte. 2. Auflage. 2004, 9. Lfg., Sp. 174.

113 Nibelungenlied (B* 972 + 977)

114 Nibelungenlied (B* 902)

115 Ranke, ibid. 30

116 Die Vögel werden häufig und bei unterschiedlichsten Kulturgruppen in Zusammenhang mit dem Baum und dem Drachen (Wurm oder Schlange) erwähnt. Es handelt sich dabei vermutlich um ein sehr altes Motiv.

117 Kranzbühler, ibid. 12

118 Diese Version kehrt im „Hürnen Siegfried", ibid. 19 wieder, wo der Drachenkampf von Kaiser Ortnit wie folgt beschrieben wird: „Der Vogel sang so süße, der lud zur Ruh ihn ein / Von einer Zauberlinde, erklang es sanft und hell / Und Lüfte wehten linde, bei einem kühlen Quell / Da legt ins Rosenbette, der Held sich ohne Arg. Er sieht das Ungeheuer, im Traum schon hingestreckt / Da naht es, und sein Feuer hat ihn zum Tod erweckt." Ortnit erleidet hier wehrlos (wie Siegfried) einen tragischen Tod, bezeichnender Weise in einem Rosenanger bei der „Zauberlinde". In einer anderen Version wird es dann Wolfdietrich, der Herr von Troje (!) sein, der Ortnits Tod rächt.

119 Staricius, J., Ernewerter vnd künstlicher Helden Schatz (1616), bei Kranzbühler, ibid. 12

120 Diese Art des Stadtmarketings lässt sich für Worms spätestens seit dem 15 Jh. nachweisen (s. o.).

121 Reuter, F., Rosenfest und Rosengarten in Worms; in: Hessen in der Geschichte (Festschrift für E.G. Franz), Hess. Hist. Kommission, Darmstadt 1996

122 Vgl. Reuter, ibid. 121

123 siehe Abbildung Seite 42

124 Folgende Rosensorten wurden eingesetzt: 56x Rose de Resht, 28x Miranda, 14x Rosa spinosissima William, 14x William Shakespeare 2000, 12x Rose officinalis 'Red Rose of Lancaster', 20x Tuscany, 20x Président de Sèze, 20x Félicité Parmentier, 20x Aimable Rouge, 20x Sidonie.

125 Hürnen Seyfrid, ibid. 13

126 Man könnte an dieser Stelle auch analog zur nordischen Überlieferung die Figur der Brünhild erwarten, da diese dort von Sigurd nach dem Kampf mit dem Drachen erlöst wird. Kriemhild und Brünhild sind auf einer sehr frühen Stufe der Sagenentstehung austauschbar, d.h. ursprünglich dürfte es nur eine Frau gewesen sein.

127 „Nicht gabs da Gold auf Granis Wege, fern ist dies Land den Felsen des Rheins." Edda (31/13), Wöllundlied (Wielandsage), 9. Jh.; „Nun hüte der Rhein der Recken Zwisthort, ... den göttlichen Schatz der Nibelunge." Edda (34/28), Altes Atlilied, 8/9. Jh. etc. (siehe Seite 21)

128 Nibelungenlied, ibid. 3 (B* 87-99), siehe auch Seite 20f dieser Konzeption

129 Edda, ibid. 8

130 Völsungensaga, ibid. 16c

131 Gemeinhin versteht man unter „hürnen" oder „hörnin" die Hornhaut Siegfrieds. Das Motiv der Hornhaut durch Kontakt mit Drachenblut begegnet uns erstmals im Nibelungenlied. ursprünglich führte der Kontakt dazu, dass man die Sprache der Vögel versteht. Es wurde bereits darüber spekuliert, ob „hürnen" oder „hörnin" ursprünglich auch andere Bedeutungen, wie „Hühne" (Riese) oder „Gehörnter" (Geweihträger) gehabt haben könnte.

132 Wormser Siegfriedreliquien sind neben dem Siegfriedgrab der Siegfriedstein (ein alter Kelterstein am Dom), der Siegfriedlanze (nur aus der Überlieferung bekannt, steht in Zusammenhang mit dem Kelterstein) und die Gigantenknochen am Haus zur Münze (mutmaßlich dort zur Schau gestellte Mammutknochen, die mit dem Drachentöter in Verbindung gebracht wurden).

133 Ein Mitglied des Wormser Dreizehnerrats, Johann Schippel, meinte noch in seinem 1689 gedruckten Zerstörungsbericht: „Und es ist unleugbar, daß große und mehr als 20 bis 30 Schuh lang gewesene Riesen an dieser Rhein-Gegend sich nicht selten auffgehalten haben, indeme ein dergleichen Riesen-Bein Anno 1635 im Rhein gefunden, ich selbsten zu Wormbs gehabt, nach welches abgetheilter Proportion der Mensch mehr als 30 Schuh lang müste gewesen seyn". Nicht nur unter der Münze (dem Rathaus), sondern auch „sonsten" seien in Worms „sehr curiose Beine zu sehen gewesen". Selbst der bekannte Stadtchronist Friedrich Zorn bestreitet nicht die vorzeitliche Existenz eines Riesengeschlechts – obwohl er sich immer gern von sonstigen sagenhaften Erzählungen distanziert. In diesem einen Punkt herrschte wohl Einigkeit. Kranzbühler, ibid. 12

134 Der erste Hinweis auf das Vorhandensein der Riesenknochen am Rathaus stammt von Georg Sabinus aus Brandenburg (um 1540). Für ihn war das Gebiet um Worms einst von Giganten bewohnt, „wie dies die mitten auf dem Marktplatz in schweren Ketten aufgehängten, staunenswerten Knochen bewiesen.". 1575 berichtet der Augsburger Lienhart Flechsel, bei seinem Rundgang durch Worms, dass unter der Münze an einer eisernen Kette „mechtig vill große rissen bain hangen". Im Jahr 1609 schreibt Matthias Quadt von Kinkelbach, dass bei der Münze „daz gebein von den Reisen vnd Trachen, welche Seyfrid vberwunden, in eiserne ketten gefasset, hangen thun". Kranzbühler, ibid. 12

135 Um die Wende des 17. Jahrhunderts z. B. sah man derartige Knochen auch im Tannerischen Haus. In der Mohrenapotheke konnte man den Schenkelknochen eines Giganten bestaunen. Selbst im Zeughaus sollen Riesenknochen aufbewahrt worden sein. Neben tatsächlichen Gigantenknochen wurden auch Schädel, Rippen und anderes Gebein von Stieren und sonstigen Ungetümen genannt. Es erweckt wirklich den Anschein, als wären sie in der ganzen Stadt verbreitet gewesen.

136 Hammans Arbeiten entstanden unmittelbar nach der katastrophalen Stadtzerstörung durch die Franzosen und sind aus der Erinnerung gemalt.

137 Kranzbühler, ibid. 12

138 Knapp 100 Jahre nach der Stadtzerstörung 1689 schreibt der Rheinische Antiquarius, dass der Stein „von einem Riesen aus dem Rosengarten über den Rhein herübergeworfen worden" sei. Hier ist sowohl die Verbindung zu Siegfried verlorengegangen als auch die Kenntnis eines Rosengartens auf der Wormser Rheinseite. Rheinischer Antiquarius, 1776

139 1551 schrieb Gaspar Bruschius: Der Tumulus ist mit zwei aus der Erde hervorragenden Steinen bezeichnet und misst die Länge von 47 Fuß„. Die Größe und Längsausrichtung des mit zwei "aus der Erde hervorragenden Steinen„ gekennzeichneten Wormser Tumulus wirkt in unserem Raum recht "exotisch", da sich selbst nach neuester Forschung kein unmittelbar vergleichbares Monument dem gegenüberstellen lässt. Insofern ist es natürlich schwierig, das Grab einer bestimmten Kulturstufe zuzuordnen

140 Dekarnation ohne Nachbestattung, Feuerbestattung ohne Urne (z. B. indem man die Asche einem Fluss oder dem Wind übergibt) oder Luftbestattung, z. B. auf Bäumen.

141 „Nach dem Ende des der Michelsberger Kultur verarmte das Keramikspektrum zunehmend, es wurde überwiegend grobe Ware und Holzgefäße verwendet. Da sich Holz im Boden nicht erhält verschließt sich damit eine ursprünglich große Materialgruppe dem heutigen Blick. Grobkeramische, unverzierte Ware ist oftmals nicht genau zu datieren, so dass sich im vorgeschichtlichen Fundmaterial durchaus Jungneolithische Scherben befinden könnten, die bislang nicht erkannt worden sind. Erst eine systematische Neubearbeitung der gesamten Fundbestände, auch die Neudatierung von alten Sammlungen, könnte hier das Bild für Rheinhessen erhellen." Birgit Heide in: „Leben und Sterben in der Steinzeit", Ausstellungskatalog, Landesmuseum Mainz, 2003

142 „Nach Vergleichsdaten aus anderen Regionen endet die Michelsberger Kultur schließlich um 3500 v. Chr., doch was kommt danach? Diese Frage ist unter dem derzeitigen Forschungsstand in Rheinhessen nur sehr unzureichend und unbefriedigend zu beantworten. Während in Norddeutschland zu dieser Zeit noch die Trichterbecherkultur existierte, können wir im nördlichen Hessen die Wart-berggruppe (...) feststellen. Liegt eine Fund- und damit Forschungslücke vor? Dauert der Michelsberg in diesen Regionen etwa länger an oder blieben diese Gebiete einfach unbesiedelt? Letztere Theorien erscheinen jedoch höchst unwahrscheinlich. (...) In der Pfalz konnte eine kleine Lokalgruppe definiert werden, Keramik von der sogenannten Eyersheimer Mühle, die diesem Zeithorizont entspricht" Birgit Heide, ibid. 141

143 Stellungnahme von Albrecht Jockenhövel (bis 2008 Fachbereich für Vor- und Frühgeschichte, Münster) zum Siegfriedgrab per Brief am 17. September 1997

144 Item audiens esse sepulchrum famosum cuiusdam gigantis in coemiterio beate Ceciliae vel beati Meynardi, quod est in suburbio versus Spiram, qui gigas dicebatur Sifridus der Hörnen, tenuitque hoc rusticorum stoliditas, quia in loco illo etiam signa posita videbantur.

145 Birgit Heide, ibid. 141

146 Stellungnahme von Jens Lüning (bis 2003 Fachbereich für Vor- und Frühgeschichte, Frankfurt) zum Siegfriedgrab per Brief am 8. Oktober 1997

147 Diese natürliche Geländekante wurde auch von den Erbauern der Stadtbefestigung genutzt

148 Mechtild Freudenberg, Grabhügel und Kultanlage der Älteren Bronzezeit von Hüsby, Kreis Schleswig-Flensburg. In: Archäologische Gesellschaft Schleswig-Holstein (Hrsg.): Archäologische Nachrichten, 2008

149 Wormser Zeitung 10.07.2004

150 Sonderbestattungen, ibid. 140

151 Von Albrecht Jockenhövel prognostiziert; siehe Seite 99, Albrecht Jockenhövel, ibid. 143

152 Hügelgräber gab es auch noch in der späten römischen Kaiserzeit. Unter Berücksichtigung der Tatsache, dass die römischen Besatzungstruppen sich über einen langen Zeitraum aus teilweise unterschiedlichsten Kulturräumen zusammensetzten, ist eine vereinzelte Hügelgrabbestattung nicht gänzlich auszuschließen, wenn auch nicht belegt. Im rheinland-pfälzischen Landkreis Mayen-Koblenz lassen sich solche römischen Tumuli nachweisen.

153 Der für die Kultur namensgebende „Adlerberg" befindet sich etwa 800 Meter südöstlich des historischen „Siegfriedgrabs"

154 Viele Menhire der Region stammen mutmaßlich aus diesem Zeithorizont

155 „Papst Innozenz IV. urkundet im Jahre 1245, dass zu den Besitzungen des Klosters Mariamünster auch die neben diesem Kloster gelegene Kirche der heiligen Cäcilia gehöre. Doch ist sie sicher älteren Ursprungs, so dass wir sie vielleicht zu den nicht näher benannten "tres basilicae„ rechnen dürfen, die nach einer nur in Abschrift überlieferten Urkunde von 1061 beim Kloster Mariamünster standen." Eugen Kranzbühler, Verschwundene Wormser Bauten, Worms, 1905

156 Zu den schnurkeramischen Hügelgräbern: „Der genormte Grabritus zeigt Bestattungen mit Grabhügeln, einem Palisadenring und Grabschacht für eine Person; später sind auch Nachbestattungen belegt. Die zumeist kleinen runden und niedrigen Grabhügel werden regelhaft auf Höhen oder Geländekanten angelegt, weswegen sie sich oftmals nur sehr schlecht erhalten haben (…). Auffällig ist jedoch die insgesamt geringe Anzahl an schnurkeramischen Gräbern, so dass anzunehmen ist, dass nur eine privilegierte Schicht auf diese Art und Weise bestattet wurde. Für die Mehrheit der Bevölkerung müssen wir mit einem uns heute unbekannten Bestattungsritus rechnen." Zitiert nach Birgit Heide, ibid. 136

157 Die Ausdehnung der römischen Stadt erschließt sich aufgrund des gut dokumentierten Straßennetzes dieser Zeit. Dazu Ralph Häussler: „Der Plan der römischen Straßen stammt größtenteils aus dem 19.-20. Jh., vor allem während Kanalisationsarbeiten. Einerseits gibt es eine unglaublich Kontinuität, v. a. was Kämmererstraße und Römerstraße betrifft. Andererseits überrascht das teilweise unregelmäßige Straßennetz, was auf vorhandene, vorrömische Siedlungsstrukturen schließen lässt, auf die man in der Römerzeit wohl Rücksicht nehmen musste. Dass dieser Plan von Weckerling relativ sicher ist, zeigen neuere Ausgrabungen, bei denen römische Straßensegmente immer wieder zum Vorschein kamen, wie bei den Ausgrabungen am Paulusstift in den 1980er Jahren." zitiert aus: www.ralphhaussler.weebly.com

158 „lapides, quos in ruinosis locis et silvestribus daemonum ludificationibus decepti venerantur, ubi et vota vovent et deferunt, funditus effodiantur atque in tali loco projiciantur, ubi nunquam a cultoribus suis venerari possint." Burchard von Worms, Sammlung der Decrete. Colon. 1548. cap. 10, 10, im Jahr 1024

159 Eugen Kranzbühler, Verschwundene Wormser Bauten, ibid. 155; Anmerkung bei Kranzbühler: Vergl. die beiden Urkunden von 1253 bei Boos Qu. I Nr. 241 und 242 («cum ius patronatus ecclesie s. Cecilie ... ab antiquo ad abatissam in Nunnenmunster ... dinoscatur pertinere»).

160 Monumenta Wormatiensia, Annalen und Chroniken, (Teil III.) Quellen zur Geschichte der Stadt Worms, Boos, Heinrich [Hrsg.], Berlin 1893

161 Boos, ibid. 160, Seite 563

162 Boos, ibid. 160, Seite 93

163 Anmerkung von Kranzbühler, ibid. 12: Eine andere Chronikfassung („Auszug einer alten Chronik" St. A W. Nr. 22 Bl. 130b), die uns allerdings nur in kurzen Inhaltsangaben vom Ende des 18. Jahrhunderts erhalten ist, berichtet: „man habe aber keine Rießen, sondern gantz gewöhnlicher Menschen gebeine und Köpfe gefunden" (Illert)

164 Kranzbühler, ibid. 12

165 Überlegungen zur Grablege auf Basis des Nibelungenlieds, siehe Reuter, ibid. 185, s. Seite 126f dieser Konzeption.

166 nach Simrock, ibid 6

167 Monasteriorum Germaniae praecipuorum chronologia liber Gaspar Bruschius, 1551

168 Das Lied vom hürnen Seyfrid, ibid. 13

169 Wormser Chronik von Friedrich Zorn, mit den Zusätzen Franz Berthold von Flersheims. Stuttgart 1857. Betreffender Auszug siehe Seite 125.

170 Kranzbühler, ibid. 12, Anmerkung: M. Freher, Origines Palatinae (1613) II Seite 61-64: „Sigefridi cujusdam gigantis ... fama ad miraculum increbuit: qui ... ibidem ... sepultus ... famosum monumento suo locum fecerit", hier vollständig wiedergegeben auf Seite 123.

171 Martin Zeiller, 1632: „es wurde vns auch hinder einem Nonnen Closter zwischen zwo Capellen sein Grab gezeigt, so 47 meiner aber nach anderen 44 Schuh lang ist. Ist mit Steinen gezeichnet." Kranzbühler, ibid. 12

172 Salomon Reisel (Wormser Medicus): „Huc ... tumulus, ut putatur, gigantis ad S. Meinardi, fabulae in Teurdanck et Rosengarten, der Heydenkirchhoff ... referenda [oder trahenda sunt", Kranzbühler, ibid. 12

173 J. H. Dielhelm, Rheinischer Antiquarius, 1739, Kranzbühler, ibid. 12

174 Kranzbühler, ibid. 12

175 Das Lied vom hürnen Seyfrid, ibid. 13

176 Hinweis auf die mündliche Überlieferung in Zusammenhang mit den Berichten über die Ausgrabungsarbeiten des Siegfriedgrabs: Anno domini 1488 Fridericus III imperator venit Wormatiam diebus paschalibus ...

Item audiens esse sepulchrum famosum cuiusdam gigantis in coemiterio beate Ceciliae vel beati Meynardi ... qui gigas dicebatur Sifridus der Hörnen, tenuitque hoc rusticorum stoliditas, quia in loco illo etiam signa posita videbantur. Cronica civitas Wormatiensis per monachum quendam Kirsgartensem, 1502

177 Schulze, ibid. 11

178 Das Nibelungenlied setzt um 1200 die Kenntnis der mythischen Vorgeschichte bei den Zuhörern voraus und erzählt nur sehr knapp in der dritten Aventüre „Wie Siegfried nach Worms kam", von Siegfrieds Kampf mit dem Drachen. Nibelungenlied, ibid. 3

179 Der Hürnen Seyfrit (oder Hürnen Seyfrid) zeigt, dass es unterschiedliche Überlieferungen zu Siegfrieds Jugend gegeben hat. In ihm wird über Siegfrieds Jugend gleich zweimal berichtet, einmal als Königssohn, einmal als Knecht bei einem Schmied, als würden einander widersprechende Parallellieder einfach aneinandergereiht. (de.wikipedia.org/wiki/Huernen_Seyfrit, gesehen am 4.1.2021). Die königliche Abstammung könnte eine Erinnerung an den Siegfried des Nibelungenlieds sein. In unserem Zusammenhang ist das ältere Fragment (die Jugend beim Schmied) interessanter.

180 Im Seyfridlied gibt es viele Drachen. Jener, der die Königstochter entführt hat, verwandelt sich alle fünf Jahre zu Ostern in einen Mann. Diesen Zug kennen wir in erster Linie aus der nordischen Überlieferung

181 Edda, ibid. 8: Lied vom Drachenhort (38)

182 Das Motiv der aus Drachengewalt zu befreienden Jungfrau ist aus der Georgslegende bekannt, Juspa Schammas erzählt in seinem Buch Maasze Nissim (um 1690) eine Mischform von Seyfridlied und Georgslegende.

183 Einer der ältesten Hinweise auf das Bekanntsein der Sigurdgeschichte im Norden ist die sogenannte Ramsund-Ritzung in Südschweden, um 1020, wenn auch für einige Lieder ein höheres Alter angenommen wird. „Das Lied vom Drachenhort" entstammt vermutlich dem 10. Jahrhundert.

184 Oder wie im lateinischen Turpin-Text des Rolandlieds für Worms „Warnacia" (statt Warmacia) steht, Kranzbühler, ibid. 12

185 Zusammengestellt aus zwei Texten von Dr. Fritz Reuter: Geleitwort zur ersten Konzeption **SIEGFRIEDS GRAB**, August 1998, ergänzt durch Passagen aus: „Wie Siegfried beklagt und begraben wurde - Dr. Fritz Reuter erzählt die 17. Aventüre des Nibelungenlieds" in „Uns ist in neuen Worten ... - Das Nibelungenlied erzählt von Prominenten", eine Publikation der „Wormser Zeitung", 2003

EICHFELDER

MYTHOS NIBELUNGEN

Konzeptionen
KRIEMHILDS ROSENGARTEN
und
SIEGFRIEDS GRAB
von Eichfelder

Texte © by Eichfelder

Juni 2021

Worms-Verlag
ISBN 978-3-9478-8462-9